BIBLIOTHÈQUE CONTEMPORAINE

VICTOR FOURNEL

FIGURES D'HIER
ET
D'AUJOURD'HUI

PARIS
CALMANN LÉVY, ÉDITEUR
RUE AUBER, 3, ET BOULEVARD DES ITALIENS, 15
A LA LIBRAIRIE NOUVELLE

FIGURES

D'HIER ET D'AUJOURD'HUI

CALMANN LÉVY, ÉDITEUR

DU MÊME AUTEUR

Format grand in-18

L'Ancêtre. . . . . 1 vol.

IMPRIMERIE CENTRALE DES CHEMINS DE FER. — IMPRIMERIE CHAIX.
RUE BERGÈRE, 20, PARIS. — 27410-2.

FIGURES

D'HIER ET D'AUJOURD'HUI

PAR

VICTOR FOURNEL

PARIS

CALMANN LÉVY, ÉDITEUR

ANCIENNE MAISON MICHEL LÉVY FRÈRES

3, RUE AUBER, 3

—

1883

Droits de reproduction et de traduction réservés

FIGURES
D'HIER ET D'AUJOURD'HUI

ÉMILE DE GIRARDIN

30 avril 1881.

Sur la tombe d'Émile de Girardin, il faudrait graver ces mots: *Hic tandem quiescit.* Il se repose enfin, le lutteur infatigable, le polémiste toujours sur la brèche, le travailleur opiniâtre qui avait pu célébrer depuis plusieurs années déjà ses noces d'or avec la presse; l'homme qui remua tant d'idées, agita tant de questions, donna et reçut tant de coups; qui a créé dix journaux, depuis *la Mode, le Voleur, le Journal des Connaissances utiles, le Musée des familles,* jusqu'à *la Presse;* qui en a ressuscité cinq ou six, depuis *la Liberté* et *le Petit Journal* jusqu'à *la France,* sans parler de grandes publications comme *le Panthéon littéraire* et d'innombrables brochures,

Émile de Girardin doit avoir écrit de quoi faire en alinéas le tour de l'Europe. Il y a plus de vingt ans qu'il avait rassemblé en douze gros volumes ses principaux articles, sous le titre : *Questions de mon temps*. Il avait touché à tout, même au roman, même au théâtre : récemment encore, il publiait *l'Égale de l'homme*, sous forme de lettres à l'auteur de *la Question du divorce*, M. Alexandre Dumas, et il est mort travaillant avec M. Albert Delpit à une pièce nouvelle, *le Supplice d'un père*, dont il rêvait de faire un pendant au *Supplice d'une femme*. De plus M. de Girardin était homme d'affaires et il était député, mais député muet. Le représentant du IXe arrondissement de Paris n'avait pas plus affronté la tribune que le représentant de Bourganeuf, car ce journaliste, qui portait dans l'improvisation quotidienne de la plume une fécondité intarissable et une terrible faconde, n'était ni un orateur éloquent ou simplement discret, ni même un brillant causeur.

Qui dira toutes les entreprises auxquelles M. de Girardin a été mêlé, toutes celles qu'il lança, toutes celles qu'il mena de front ? Il a fait de l'industrie, de la spéculation, des affaires, de l'agriculture, des almanachs, des journaux de famille, des journaux d'annonces, des journaux littéraires, des journaux de modes, des journaux politiques de toutes les opinions. Et il mettait son amour-propre à n'avoir pas de secrétaire. Dans le tourbillon d'une vie dont mille affaires se disputaient chaque minute, il trouvait moyen de répondre de sa main à toutes les lettres et de recevoir toutes les visites. « L'empire du monde est aux flegmatiques », disait Saint-Just. M. de Girardin avait refait cet axiome à son usage et à son image : « Paris, disait-il, est à ceux qui se lèvent à cinq heures du matin. » Il lui fallait une force de volonté indomptable et un corps de bronze pour persévérer dans ces habitudes spartiates avec l'existence qu'il menait et dont les relations du monde, les dîners, les spectacles, prenaient aussi leur part. M. de Girardin était un Parisien et il ne manquait aucun des rendez-vous qui attirent les Parisiens. On le voyait aux courses; on se montrait, à toutes les grandes premières représentations, cette figure à la mèche et au lorgnon légendaires, universellement connue depuis plus de quarante ans. Il était à la première de *Madame de Maintenon*. Il a senti le coup avant-coureur de la mort à une première du Gymnase. Sa journée d'écrivain était finie à l'heure où tant d'autres commencent, et dès lors il appartenait tout entier aux relations et aux affaires.

Au fond, M. de Girardin fut toujours et surtout un homme d'affaires. Avant la création de *la Presse*, il avait déjà déployé en ce genre de rares aptitudes. Ses premiers recueils périodiques obtinrent rapidement la vogue. Le *Journal des Connaissances utiles* atteignit en quelques mois le chiffre de cent vingt mille abonnés; *l'Almanach de France* se vendit tout d'abord à un million d'exemplaires. Il n'avait pas attendu l'année 1836, qui est la grande date de sa vie, pour créer la presse à bon marché, car le *Journal des Connaissances utiles* coûtait quatre francs, et le *Journal des Instituteurs primaires*, trente sous par an. De bonne heure il avait compris ce principe d'affaires, essentiellement démocratique et dont il provoqua sans relâche l'application au système télégraphique et postal : abaisser le gain dans le détail à ses dernières limites, pour l'élever dans l'ensemble à des proportions jusqu'alors inconnues.

Lorsqu'il révolutionna le journalisme quotidien en fondant *la Presse* à quarante francs, il agissait en homme d'affaires beaucoup plus qu'en homme politique, et c'est comme affaire, par le développement de l'annonce et la large exploitation de la matière abonnable, que cet esprit toujours plein d'initiative et de hardiesse, le plus irréconciliable ennemi de la routine qui fût jamais, avait envisagé la révolution qu'il accomplissait et qui a contribué à l'abaissement du journalisme autant qu'à l'extension de sa puissance et à son fourmillement prodigieux. S'il s'y entoura aussitôt d'écrivains remarquables, c'est dans l'unique intérêt de l'affaire.

Marié à une femme d'un esprit charmant, poète aimable, élégante et gracieuse, quelquefois sentimentale, énergique au besoin, qu'on avait même prise un moment pour la Muse de la patrie; entouré pour collaborateurs d'hommes tels que Théophile Gautier, Méry, Gozlan, Frédéric Soulié, Alexandre Dumas, en réalité il ne s'intéressait pas à la littérature, il ne l'aimait pas : elle ne fut jamais pour lui qu'un auxiliaire subalterne, dont il employait le concours en la méprisant, et qu'il en vint à congédier à peu près complètement dans les journaux de la fin de sa vie. Ses drames sont écrits en style de Bourse; ses articles sont découpés, comme à l'emporte-pièce, en alinéas qui ressemblent à des lignes géométriques. Son style sans phrases, sans digression, tout en nerfs, bref, sec, clair, va droit au but. Sans doute, il tenait à la propagande de ses idées, mais elles se modelaient toutes sur la tournure particulière de cette intelligence positive, lucide et tranchante, qui dressait le code de l'absolu et jusque dans les thèses les plus fausses jetait çà et là des lueurs saisissantes.

Non seulement en politique, mais en philosophie et en morale, les idées d'Émile de Girardin étaient celles d'un homme d'affaires aventureux, tout au plus celles d'un économiste radical, qui réduit chaque théorie à une question de chiffres, et procède toujours par axiomes scientifiques. A ce point de vue, rien de plus significatif que son audacieux système de l'Assurance sociale destinée à remplacer la notion de la justice, la distinction même du bien et du mal, distinction arbitraire (c'est lui qui parle), puisqu'elle a varié selon les temps et varie encore suivant les lieux. Le système social de M. de Girardin prétend se passer de tout fondement de droit. Il n'y a pas de droit; le droit n'est qu'un mot; le seul qui existe en réalité est le droit du plus fort, comme le seul *criterium* des choses est le succès, légitimé par la durée. Qu'on fasse donc reposer désormais la société, non plus sur cette base chimérique, mais sur l'idée de réciprocité, sur une Assurance universelle où tout serait réduit à des risques prévus, à des probabilités déterminées mathématiquement, et dans laquelle le respect de la vie ou de la propriété d'autrui serait fondé sur un calcul, au lieu de l'être sur un sentiment. Il faut suivre en tous ses détails, dans la partie de ses *Questions du jour* qui porte pour titre *Questions philosophiques*, l'exposé de cette théorie et lui voir bâtir sa machine pièce à pièce, rouage par rouage. La netteté de son esprit, son caractère positif et pratique, se retrouvent jusque dans les utopies dont il ne s'est pas fait faute, et les paradoxes souvent énormes qu'il a semés par milliers. Il leur donnait toujours des formules d'une rigueur mathématique; il ne se contentait pas de les exposer, il bâtissait, surtout s'il était provoqué par la discussion, des plans entiers dont la rigoureuse précision de détails pouvait jusqu'à un certain point faire illusion. Il fallait arrêter à ses prémisses ce dialecticien retors et tenace, si l'on ne voulait être broyé entre les rouages d'acier de son argumentation.

C'est dans ses paradoxes et dans ses sophismes qu'Émile de Girardin se montrait le plus affirmatif, le plus catégorique et le plus cassant, comme c'est lorsqu'il avait le plus évidemment tort, lorsqu'on le prenait en flagrant délit d'inconséquence et de contradiction, qu'il répliquait du verbe le plus haut et le plus triomphant, inépuisable en ressources, faisant feu de tous les côtés à la fois, accablant l'ennemi, l'étourdissant, l'écrasant sous les décharges saccadées de sa mitrailleuse chargée d'axiomes, de maximes, d'aphorismes impérieux, d'antithèses aux arêtes tranchées, de rapprochements ingénieux, de citations imprévues; trouvant, selon les occurrences, des arguments pour ou contre toutes les opinions dans l'immense dossier sur les hommes et les choses qu'il tenait sans cesse à jour et dans l'arsenal inépuisable de ses propres écrits. Sa polémique ressemblait à de la prestidigitation. C'était un très ingénieux, très étincelant et très redoutable sophiste, mais ce ne fut jamais qu'un sophiste, sans autre conviction que celle du moment, celle dont il se grisait lui-même au vin capiteux de ses alinéas, comme un Gascon persuadé par ses propres mensonges.

Il savait tout se rappeler, comme il savait tout oublier au besoin pour s'absorber dans son idée du moment, sans s'embarrasser des nuances, non plus que de ce qu'il avait pu dire autrefois sur le même sujet. Sa grande prétention était de tout simplifier. Qui sait si nous n'aurons pas un jour son unité de collège, comme nous avons son unité postale? Mais, pour mieux simplifier, il n'hésitait pas à détruire. De même, son dédain pour les phrases toutes faites, pour les mots dont on se paye et les vérités de convention, s'étendait trop souvent jusqu'aux évidences du sens commun. Comme l'a dit en termes excellents M. Caro, dans ses *Problèmes de morale sociale*, cette fournaise ardente dévorait les principes avec les préjugés, les sentiments les plus sacrés avec les sentimentalités niaises, les théories les mieux établies avec les lieux communs, et après l'incendie, il ne restait qu'un peu de cendres.

Personne n'a été plus haï, plus impopulaire à certains moments que M. Émile de Girardin. On ferait toute une bibliothèque de ce qui a été écrit contre lui. Mais personne n'a su comme lui ressaisir la foule réfractaire par la seule puissance de sa plume. Discrédité, décrié, attaqué dans son nom, dans sa famille, dans son honneur, il ne se déconcertait pas, ne perdait jamais courage, faisait face à tout et à tous jusqu'à ce qu'il eût repris le dessus. Il s'est battu quatre fois ; la dernière fois, il eut le malheur de tuer son adversaire, et cet adversaire était Armand Carrel, l'ornement du parti républicain en France. Cette catastrophe, qui lui fit déposer pour toujours l'épée de duelliste, amassa contre lui plus de haines et de colères encore. Cependant il est mort républicain comme Carrel, et ami de ceux qui professent un culte pour sa mémoire. Tour à tour conservateur et révolutionnaire, orléaniste et anti-orléaniste, bonapartiste et anti-bonapartiste, M. Émile de Girardin a attaqué et exalté toutes les opinions, tous les hommes, tous les gouvernements; avec sa versatilité impérieuse et hautaine, il a servi et combattu tous les partis, perdu, reconquis et reperdu la faveur de chacun d'eux. Il n'en est pas un qui puisse faire complètement son éloge ou le renier complètement, qui n'ait à mêler à ses critiques le souvenir plus ou moins lointain de quelque service rendu, à tempérer ses louanges de réserves trop motivées. Tous pourraient écrire de lui comme Corneille de Richelieu:

> Il m'a fait trop de bien pour en dire du mal;
> Il m'a fait trop de mal pour en dire du bien.

Adversaire redoutable, mais ami inquiétant et peu sûr, il laissait toujours pressentir une bruyante défection dans son alliance et permettait d'espérer un retour dans son hostilité.

Légitimiste quand il plaçait *la Mode* sous le patronage de la duchesse de Berry, s'il n'a pu aider à renverser Charles X, c'est que la révolution de 1830 ne lui en a pas laissé le temps. Après avoir soutenu le ministère Guizot dans *la Presse*, il passait avec armes et bagages à l'opposition. Sous la deuxième république, il criait : *Confiance! confiance!* et il harcelait le gouvernement provisoire; il combattait Ledru-Rollin et il votait avec la Montagne. Après avoir fait une propagande effrénée en faveur de la candidature du prince Louis-Napoléon, il se retournait contre lui; il était exilé au 2 décembre, poursuivi à plusieurs reprises et condamné pour « excitation à la haine et au mépris du gouvernement ». Il déclarait alors, sur un ton solennel, qu'il rompait avec la dynastie, et trois ans après, le *condamné du 6 mars* devenait le plus fougueux des plébiscitaires et emportait sa nomination de sénateur. En 1871, il accablait des plus dures invectives le gouvernement de la *défaite nationale*; il sommait M. Gambetta de rendre ses comptes, lui criait que son incapacité avait désorganisé la France, qu'impuissant pour le bien il avait été tout-puissant pour le mal; il lui prédisait qu'il finirait comme il avait commencé, par le mensonge, et lui promettait la malédiction du pays. En 1877, il a fait de son journal l'acolyte et l'auxiliaire le plus emporté de M. Gambetta, et il a placé sa candidature sous le patronage de celui qu'il traitait d'imposteur et de personnage malfaisant, dans des pages dont l'encre avait à peine eu le temps de sécher. A quoi bon insister davantage? M. de Girardin, redoutable jadis à tous les partis, même *aux siens*, — j'entends à ceux qu'il a embrassés tour à tour, — n'a cessé d'étonner par sa politique aventureuse ceux qui croyaient le connaître le mieux et de les déconcerter par l'audace et l'imprévu de ses variations. Mais il n'eût pas fallu essayer de l'en convaincre, car il était homme à vous démontrer, avec un grand cliquetis d'alinéas hautains et de citations étourdissantes, qu'il n'avait jamais changé.

Il est juste d'ailleurs de reconnaître que s'il a sans cesse tourné, en homme qui ne croyait qu'au succès, au fait accompli et au droit de la force, c'est du moins autour d'un axe fixe, et qu'aux derniers jours de sa vie on l'a trouvé fidèle, sur les points principaux, aux idées *libérales* qu'il professa toujours, en affectant de regarder comme une question indifférente la forme du gouvernement. Certes, nous sommes en droit de lui reprocher bien des actes et des écrits. Pour ne point sortir de sa carrière de journaliste et de sa vieillesse, comment oublier sa campagne imprudente et téméraire en faveur du plébiscite et de la guerre, poursuivie sans ménagements comme sans mesure, car il poussait toujours l'attaque et la défense à l'extrême. Comment concevoir aussi que, nommé sénateur par l'empire à l'agonie et après avoir reçu, pendant la maladie mortelle de son jeune enfant, les plus touchants témoignages d'affection de l'impératrice et du petit prince, il ait assez peu respecté ces souvenirs pour avoir le triste courage d'écrire son article de *l'Expiation*, quand celui-ci tomba sous les zagaies des Zoulous? Ingratitude? non. Tout au plus indépendance du cœur, égale à son indépendance d'esprit. Le fait caractérise la nature morale de M. de Girardin et son affranchissement de tout *préjugé*. Mais il a racheté en partie ces erreurs et bien d'autres par des campagnes plus récentes et plus honorables, en faveur du général Cissey en butte à un déchaînement sauvage, et de l'inamovibilité de la magistrature; contre l'article 7 et l'exécution des décrets du 29 mars. Il lui fallut du courage pour se dégager à ce point des passions du parti où il était alors engagé, plus peut-être qu'il ne lui en avait fallu, en 1848, pour braver la foule qui était venue briser ses presses.

Ce genre de courage ne lui manqua jamais, car ce fut un irrégulier, un isolé, un franc-tireur, qui avait le coup d'œil, la décision prompte et l'audace d'un capitaine de *condottieri*, mais qui se battait à sa guise, quelquefois contre ceux dont il était l'allié, ne marchait point à la suite ni dans le rang, ne se gênait point pour critiquer les mouvements qui lui déplaisaient et, même en prêtant son concours, ne s'enrôlait jamais. Cet individualiste, si l'on veut bien me passer ce mot barbare, ne procédait d'aucune école, et n'en a fondé aucune; il pouvait tout au plus former autour de lui un groupe, quitte à le déformer et à le reformer sans cesse, car ses collaborateurs avaient beaucoup à faire pour le suivre en ses évolutions. Dans les campagnes qui ont honoré la fin de sa vie, ne cherchez pas l'accent d'un défenseur du droit qu'indigne l'abus de la force. M. de Girardin n'avait rien de chevaleresque, et il lui a manqué, même en ses meilleurs jours, ce je ne sais quoi d'achevé que donne au talent l'éloquence d'un cœur vibrant et d'un esprit généreux qui se révoltent devant les iniquités du succès. Il n'y faut voir qu'un témoignage de son bon sens, de sa sincérité et de sa clairvoyance, quand il n'était pas égaré par quelque sophisme ou quelque question d'intérêt personnel.

Le sentiment ne tenait aucune place en sa vie.

Une seule fois, dans son premier écrit, — l'autobiographie semi-romanesque qu'il a intitulée *Émile*, — il se laissa aller au douloureux épanchement d'un jeune homme jeté au monde sans protection et que sa naissance irrégulière semblait exclure de la société [1]. Après avoir déchargé d'un seul coup tout ce qu'il y avait de sensibilité en lui, il essuya résolument ses larmes, donna congé aux rêveries, et prenant d'autorité le nom qu'on lui refusait, s'élança dans « la lutte pour la vie », après s'être allégé de tout vain scrupule comme d'un bagage embarrassant.

Curieuse figure, plus américaine que française, cuite et recuite au triple feu de toutes les fournaises, trempée dans tous les Styx, bronzée par toutes les batailles de la vie, qui a tout vu, tout dévisagé, tout usé, qui a touché à tout, côtoyé chaque système, exploré chaque idée, traversé chaque parti, qui s'est souvent prêtée sans se donner jamais et en se reprenant toujours, qui a reculé enfin jusqu'à ses dernières limites l'activité humaine ; sceptique revêtant tour à tour des convictions de hasard ou d'intérêt, qu'il semblait croire éternelles

---

[1]. On y peut joindre pourtant, comme révélation de cette courte phase sentimentale, une romance en vers de mirlitons: *J'ai rêvé*, mise en musique par Masini et publiée chez madame Lemoine à la même époque (1828).

et défendait avec d'autant plus d'âpreté qu'il devait les abandonner plus vite; barre de fer ondoyante, poussant le radicalisme de la logique jusqu'à l'absurde, prenant des antithèses pour des principes, faisant collection de cordes raides pour mieux rebondir à chaque occasion, rappelant Beaumarchais par la multiplicité des ressources, la hardiesse de l'allure, la décision sans scrupules, le mépris de la sentimentalité, mais dans un autre milieu et avec un caractère original ; personnalité remuante, résistante, vigoureuse, en qui l'intelligence dominait si complètement qu'on pouvait dire de M. Émile de Girardin ce que madame de Tencin disait de Fontenelle en lui mettant la main sur la poitrine, dans la région du cœur : « C'est de la cervelle que vous avez là. »

Le mot semblait fait pour Émile de Girardin. Il est une excuse en même temps qu'une explication. Comme circonstances atténuantes de la sécheresse et de l'âpreté qu'on lui reprocha souvent, il faut équitablement lui tenir compte des circonstances particulières de sa naissance et de son éducation. L'âme se bronze vite dans les combats comme ceux qu'il dut livrer. Elle ne garde point le duvet de la pêche et la candeur de l'agneau dans une existence ouverte par les plus rudes épreuves, déshéritée des douces influences de la famille, livrée tout entière au feu des spéculations, des affaires et des batailles. On peut dire de lui qu'il n'eut ni jeunesse ni vieillesse. Mûri de bonne heure par l'abandon, la solitude et le besoin de se faire sa place, jusqu'au dernier moment, à force de volonté, il se tint debout. Il y a quelques mois encore, sa verdeur, ou du moins son apparence de verdeur accusait vingt ans de moins que son âge. Malgré la fatigue des traits, la physionomie froide, impassible, dure, les lèvres droites et minces, la tenue correcte et soignée pouvaient tromper un œil même perspicace. La mort l'a abattu et démoli tout d'un coup, et ce cerveau puissant n'a pu être obstrué par l'agonie, pendant laquelle il s'observait et s'analysait encore.

Que restera-t-il de tant d'écrits, de tant d'efforts et de tant de bruit? Peu de chose, rien peut-être. L'œuvre du journaliste est une graine emportée par le vent; heureux si cette graine n'est pas toujours tombée sur le roc! Vers la fin de sa vie, M. de Girardin sembla pris d'un découragement amer devant la disproportion d'un si prodigieux travail avec un si petit résultat, et il soutint, avec l'emportement à froid et le radicalisme absolu qu'il portait dans chacune de ces thèses, l'impuissance complète de la presse. Ce n'était pas seulement un démenti donné à toute sa vie; c'était encore une contradiction formelle avec de vieilles opinions fréquemment répétées : « Il n'est pas, lit-on dans les *Questions du jour*, un abus, si invétéré qu'il soit, qui puisse résister aux coups du raisonnement et à la clarté de l'évidence... Garantissez-moi l'inviolabilité du droit de raisonner, et je vous garantis non seulement la conquête de tous les droits, mais encore la destruction de tous les risques. » Il écrivait dans son journal, le 14 mai 1839, en combattant la liberté de la presse, — car il a combattu la liberté de la presse : « Nous ne croyons pas qu'une société, quelle qu'on la suppose, pût résister à la dent corrosive de la presse. Nous ne craignons pas d'avancer une forfanterie en affirmant qu'il ne nous faudrait pas dix ans, avec un bon journal, pour avoir raison de la république la mieux conditionnée. » Il était donc impossible de pousser l'inconséquence plus loin. Si l'homme qui, plus que personne, avait usé et abusé de la presse, qui fut le plus grand ouvrier en journalisme qu'on ait jamais vu, en était venu à soutenir une thèse qui rabaissait son rôle à celui d'un saltimbanque faisant la parade pour amuser le public au bruit de ses paroles, c'était par un sentiment secret des stériles agitations de sa vie, peut-être aussi par le désir instinctif d'excuser ses variations en leur enlevant toute importance, enfin parce que cet homme pratique ne pouvait s'empêcher de mépriser un instrument qui ne l'avait conduit à rien, pas même à être ministre comme M. de Marcère, comme M. Lepère, comme M. Constans et M. Cazot, ce qui, en effet, peut passer pour fort humiliant.

Dans son découragement il avait annoncé l'intention de prendre sa retraite. Mais, après une fausse sortie, il rentra presque aussitôt, pareil à un grand acteur qui ne peut se résoudre à quitter ses planches. Il n'aura rien relâché jusqu'au bout de l'activité prodigieuse qui fut un des phénomènes de l'époque. Ce Warwick du journalisme, qui a fait (ou défait) tant de souverains, sans avoir *pu* se faire souverain lui-même, est mort au milieu des épreuves de son journal. Il n'a pas eu entre le tumulte de la vie et le silence de la tombe cet intervalle que le sage tient à se ménager.

On raconte que lorsque le jeune Girardin, qui s'appelait alors Émile Lamothe, était confié aux soins d'un ancien officier, chargé de son éducation, il l'aborda un jour en lui disant :

— Monsieur, je voudrais avoir des éperons.

— Des éperons ! dit l'honnête précepteur en regardant d'un air effaré ce bambin de douze ans. Et pour quoi faire ?

— Pour faire du bruit, répliqua l'enfant précoce.

Il a fait du bruit jusqu'au bout.

Et une fois encore le mot d'Arnauld me revient en mémoire devant cette tombe où tant de bruit vient de s'abîmer en tant de silence : « Nous nous reposerons pendant l'éternité », disait ce grand lutteur. — *Requiescat!*

THÉOPHILE GAUTIER

25 décembre 1872.

Y a-t-il deux mois, y a-t-il deux ans, que Théophile Gautier est mort? Il y a juste deux mois aujourd'hui. On n'a pas oublié quelles larges fumées d'encens s'élevèrent sur cette tombe changée en autel et cette éblouissante idole transformée en vrai Dieu. Pendant quinze jours, il ne fut pas permis de voir un défaut à son talent, une tache à son œuvre, une faiblesse dans son caractère. Sa personne devenait l'objet des mêmes dithyrambes que ses écrits, et l'on en faisait le type idéal de la beauté, de la bonté, de toutes les vertus civiques, morales et domestiques. Le front de Gautier disparaissait sous un nimbe et dans une auréole de feu. Critiques littéraires, critiques dramatiques, chroniqueurs, *échotiers* eux-mêmes — pour parler la belle langue du journalisme contemporain — tout ce qui tient une plume et même tout ce qui manie les ciseaux du coupeur de *faits divers*, se sentaient atteints par cette mort, et voulaient payer au maître leur tribut d'oraisons funèbres. Les poètes se couvraient d'un cilice et, le front sous la cendre, drapés dans leur manteau comme des pleureuses antiques, poussaient vers le ciel des plaintes harmoniques et des sanglots sonores dont l'écho devait se prolonger toujours. Je ne sais si l'on n'a pas pleuré la mort de Théophile Gautier avec plus de larmes — du moins avec des larmes plus bruyantes — que celle de Lamartine, et je me croyais sûr au moins que cette immortalité de regrets promise à sa mémoire durerait bien deux mois. Mais tout à coup le silence s'est fait ; après avoir joué son grand concert de lamentations, de regrets et d'admiration, *tout Paris* est passé à d'autres exercices, et voici qu'en prenant la parole à mon tour, je m'effraye presque du bruit de ma propre voix dans la solitude.

Je viens de relire l'œuvre à peu près entière de l'écrivain célèbre dont le nom restera parmi ceux des plus étonnants arrangeurs de syllabes, ciseleurs de phrases et orfèvres de style, des artistes qui ont le mieux su pétrir, dompter, manier, assouplir notre langue comme une cire molle, la forçant à se plier à tous les caprices, à revêtir toutes les formes, à subir tous les jougs, à exprimer même l'inexprimable. J'en voudrais parler impartialement, en me tenant à égale distance de l'apothéose et du dénigrement, en homme qui ne l'a connu que par ses écrits, et qui n'a d'autre intérêt que celui de la vérité.

Théophile Gautier débuta en 1830, à l'âge de dix-neuf ans, par un volume de *Poésies* dont la seconde édition parut en 1833, augmentée d'*Albertus*, « légende théologique ». Il est déjà là tout entier, avec son amour de la forme, de la couleur, de la draperie chatoyante, du détail rare, sa versification souple et riche mêlée néanmoins de lourdeurs et de prosaïsmes, son penchant au bizarre, son goût pour le fantastique, et toutes ses qualités de peintre qui a échangé la brosse contre la plume, mais qui est resté *rapin*. Il possède dès lors à merveille tout le matériel poétique, et il n'ira guère au delà. Mais, au fond, le poème d'*Albertus*, qui établit sa renommée, n'est qu'un pastiche où l'imitation se déguise sous une allure cavalière. Il serait facile de montrer qu'il en est ainsi de presque tous ses ouvrages. Théophile Gautier ne fut jamais que le premier des disciples. Il avait une merveilleuse imagination de forme ; mais, dénué de la faculté inventive, il allait emprunter partout les thèmes sur lesquels il brodait, avec une incomparable souplesse, ses étincelantes fantaisies. Il semble avoir mis son amour-propre à calquer les types les plus divers, en portant toutefois dans ces reproductions, qui seraient l'ornement du musée des copies, une manière unique qui les distingue des pastiches vulgaires, donne à l'imitation un cachet magistral, et les fait reconnaître du premier coup.

L'originalité de Théophile Gautier est une originalité factice, composite, et tout extérieure. Qu'on ne s'arrête point aux illusions de surface et qu'on écarte l'enveloppe, on trouvera un esprit sans assiette, flottant à tous les souffles, vibrant à tous les chocs, amoureux de parfums, de lumière, de couleurs, de tout ce qui brille, de tout ce qui résonne, propre à recevoir toutes les empreintes et à les transmettre à son tour, mais ayant besoin d'être mis en branle par un esprit voisin, et cherchant toujours à prendre un mot d'ordre que tant d'autres sont venus lui demander ensuite ; bref, semblant redouter d'avoir une personnalité morale fixe et arrêtée, et s'absorbant tout entier à faire successivement du chinois, de l'hindou, du grec, de l'espagnol, du moyen âge, du seizième siècle, du Louis XIII et du Louis XV, du *rococo* et du romantique.

Albertus porte à chaque page la trace d'une double imitation, tout au moins d'une double réminiscence. Il tient de Victor Hugo par le côté descriptif et pittoresque, l'abus de l'énumération, la recherche excessive du relief dans la peinture ;

— par l'allure déhanchée, le scepticisme cavalier, les longues digressions, l'invasion fréquente de la personnalité du poète à travers la trame du récit, le mélange continu du lyrisme et du badinage, il relève directement d'Alfred de Musset, dont les *Contes d'Espagne et d'Italie* avaient paru depuis deux ans. Que les curieux relisent *Albertus*, ils verront à quel point cette dernière imitation, sur laquelle j'insiste, parce qu'on n'a pas assez mis en lumière ce côté *subalterne* de l'œuvre de Théophile Gautier, est patente et quelquefois criarde. Par moments, on dirait que le poème est calqué sur *Mardoche* ou *Don Paëz*, et l'on y retrouve même çà et là jusqu'aux images et jusqu'aux apostrophes les plus fameuses de Musset, tellement reconnaissables dans leur incarnation nouvelle, que lorsque l'auteur, nous parlant de ses amours et du temps qu'il a perdu, s'écrie:

>Sans cela, l'univers aurait eu mon poème
>En mil huit cent vingt-neuf, et beaucoup plus tôt même,

on sourit, comme d'une diversion maladroitement opposée aux soupçons du lecteur. Quant à la licence de ses peintures, Théophile Gautier n'avait pas besoin de modèle. Une sensualité toute païenne éclate dans ce conte, qui est une légende théologique comme *Une larme du diable* est un mystère. Ce n'est pas seulement le nu que chante ce poète de la beauté physique, c'est le déshabillé, et il y poursuit en vingt strophes, avec la fougue effrontée de ses vingt ans, l'hymne à la Volupté qui résume toute la philosophie, tout l'enseignement moral de son œuvre, et qu'on retrouvera plus ardent encore dans *Fortunio* et *Mademoiselle de Maupin*.

Cependant ce voluptueux avait aussi des pensées tristes et graves ; cet épicurien couronné de fleurs ne craignait pas de placer sur sa table, ne fût-ce que comme le repoussoir du tableau, comme un contraste piquant, fertile en poétiques antithèses, comme un objet qui faisait bien dans le savant bric-à-brac de sa poésie, la tête de mort empruntée aux banquets des anciens. Ses amis affirment que, malgré les apparences, le fond de son âme a toujours été plein de mélancolie. A voir passer lentement par les rues, dans les dernières années de sa vie, ce gros homme indolent et doux, taciturne, mâchonnant son éternel cigare, tandis que son œil, éteint sous la paupière boursouflée, semblait poursuivre dans le vide, sans espoir et même sans désir, les rêves évanouis d'un fumeur d'opium, on sentait le grand désenchantement de cet esprit blasé, qui avait abusé de la poésie et de l'art comme un sultan de ses favorites, sans jamais s'inquiéter de savoir si elles avaient une âme, et sans y trouver même la jouissance qu'il s'en promettait. Mais déjà à vingt-cinq ans, tout en écrivant les *Jeunes-France*, roman goguenard, il était travaillé par des idées tristes, où il les travaillait pour en faire des poèmes comme *Melancolia* et *la Comédie de la Mort*.

On a souvent reproché à Théophile Gautier de manquer de sentiment. Le reproche est assez vraisemblable, et même assez vrai dans son ensemble, pour demeurer légitime. Le sentiment est rare dans son œuvre, où il tourne presque toujours à la sensation; on l'y rencontre néanmoins, pourvu qu'on se contente de le prendre tel qu'il est, tantôt léger et à fleur de peau, comme le son vague d'une mélodie lointaine; tantôt au contraire matérialisé, et poussé par l'abus des couleurs à un excès qui, au lieu de l'accuser davantage, le dérobe en le dénaturant. Le sentiment n'est jamais pour lui qu'un thème pittoresque, qui finit par disparaître à demi sous la froide perfection de la forme ou sous la curiosité du détail, comme Galatée sous les saules. S'il arrive par hasard à Théophile Gautier de verser une larme, au lieu de nous la laisser voir humide et brûlante, il la cristallise pour en faire un diamant, vrai ou faux, qu'il taille en facettes. Rien n'est plus curieux à cet égard, et ne le caractérise mieux, que son dernier livre, dont le titre même est significatif: *Tableaux de siège*.

Ce ne sont pas *les douleurs, les tristesses*, pas même *les impressions*, mais *les tableaux*, et l'on dirait qu'il ne s'agit pas même du siège de Paris, mais que l'auteur a voulu généraliser ses peintures, pour les dépouiller de tout élément qui aurait pu en dénaturer l'intérêt artistique et en troubler l'harmonie. De ces pages écrites jour par jour, au bruit du canon prussien, dans toutes les angoisses de la capitale investie, il a voulu faire, il a fait un musée, peint de la palette la plus riche, de la main la plus ferme et la plus reposée, avec une sérénité vraiment olympienne. Jamais Grec du temps de Périclès n'a moins permis à une émotion de déranger la draperie de son style et la symétrie de sa métaphore. Aucun coup ne peut l'atteindre à fond, à travers la cuirasse d'or pur où il s'est enveloppé ; et si parfois il laisse saigner la blessure, c'est lentement et goutte à goutte, comme s'il ne voulait qu'obtenir un effet nouveau en dessinant des fleurs de pourpre sur son armure finement ciselée.

Mais c'est là la dernière manière de Théophile Gautier. Il n'est pas encore arrivé à cette forme magistrale, calme et contenue; il ne la cherche même pas dans la *Comédie de la Mort*, où il s'abandonne tout entier au sentiment triste et sombre qui s'est emparé de lui. Le *Portail* de son monument funèbre, dessiné d'une main savante, et qui serait un chef-d'œuvre parfait avec quelques strophes de moins ; *la Vie dans la mort, la Mort dans la vie*, où l'on pourrait glaner tant de beaux vers, d'un jet large et dru, sculptés dans le marbre ou coulés dans l'airain, sont imprégnés d'un sentiment vrai, quelquefois profond. Seulement le poète ne sait pas s'arrêter à temps; il outre et prolonge ses peintures; l'idée première tourne à l'étrange, pousse à l'horrible, tombe dans le macabre. Le côté artificiel apparaît, et l'on finit par se trouver en présence d'un virtuose qui exécute des fantaisies lugubres dans un caveau mortuaire, avec un tibia pour archet.

La *Comédie de la Mort* est d'une inspiration à la fois plus élevée et plus originale que le poème d'*Albertus*. Néanmoins il y a là un reflet de la poésie fatale, maudite et byronienne des Antony, des Werther, des Manfred et des René. Il ne serait pas impossible d'y signaler encore quelques réminiscences directes. L'influence de Victor Hugo domine toujours dans l'ensemble; celle de Musset même n'est pas entièrement absente, ne fût-ce que dans les stances de Don Juan. Il en est une autre que j'hésitais à reconnaître, tant elle me paraissait invraisemblable, lorsqu'une rencontre a fixé mes doutes. En lisant la strophe qui commence par ce vers typique:

Dans ma chambre, où tremblait une jaune lumière...

2.

comment ne pas songer à Sainte-Beuve et aux *Rayons jaunes?* Il y avait déjà huit ans que le public était en possession des poésies de *Joseph Delorme;* mais les pièces dont se compose *la Comédie de la Mort* avaient été écrites pour la plupart, et quelques-unes publiées isolément, bien avant d'être réunies sous cette étiquette sépulcrale.

Parcourez les *Poésies diverses* de Théophile Gautier : c'est une collection d'échos répétant les voix de tous les pays et de tous les siècles; c'est un clavier multiple et sonore, où chacun vient jouer un air tour à tour. Avec l'indifférence superbe de l'homme pour qui les formes sont tout et qui se sent maître de toutes les formes, il parcourt le monde entier, depuis l'Inde jusqu'à l'Espagne, afin d'y recueillir les motifs qu'il transpose sur son merveilleux instrument, — et, loin de s'en cacher, il le proclame nettement dans ses titres : *Rocaille, Pastel, Séguidille, Chinoiserie, Pantoum,* etc. Il ressuscite la villanelle, soupire des sérénades et des barcarolles, coule son vers ductile dans les vieux moules oubliés, se complaît aux tours de force, aux recherches et aux coquetteries du rythme. Il fait du Latour, du Watteau, de l'Albert Dürer, du Gœthe, du Zurbaran, tout ce que vous voudrez, et il le fait à merveille.

Cette persistance dans le pastiche et la prodigieuse habileté qu'il y porte finissent par lui constituer une originalité poétique, — l'originalité d'un maître ouvrier qui exécute les travaux les plus divers, les plus compliqués, avec une manière à lui, et une sûreté de main tenant de la prestidigitation. Il a, en ce genre, de petits bijoux très précieux, où apparaissent déjà les *Émaux et Camées*. Je préfère même ces pastiches, où il se contient et se surveille, aux pièces ambitieuses dans lesquelles il se livre, sans contrainte, au luxe oriental d'images, au fracas de rimes, au tapage de métaphores, aux débauches d'enluminure et de badigeonnage poétique. Rien n'égale l'exubérante prodigalité de ses couleurs, et jamais peintre n'abusa à ce point de l'ocre, de l'outremer et du vermillon. On est ébloui, mais on est choqué. Il faudrait lire ces poésies rutilantes avec un abat-jour et des lunettes vertes. Théophile Gautier n'a pas plus le sentiment de la mesure dans le dessin que dans le coloris, et, de même qu'il recherche les teintes voyantes, il aime les formes excessives, il chante avec prédilection l'hippopotame, Béhémoth, Léviathan, l'oiseau Rock, dans des vers énormes comme eux.

A ce point de vue, les *Émaux et Camées* marquent un grand progrès chez Théophile Gautier. C'est toujours le même poète, qui n'a rien perdu de son amour pour la bizarrerie et pour le tour de force, qui n'a rien acquis en pensée, mais qui s'est mûri et perfectionné dans le maniement de son outil. Il ne se borne pas à faire de la poésie une peinture, suivant le mot d'Horace, pris en son sens vulgaire ; il en fait une sculpture, une gravure en médailles, une musique, une orfèvrerie.

Il prend à tâche d'enfermer tous les arts dans le sien, de montrer qu'il peut les suppléer tous, et il chante la *Symphonie en blanc majeur*, il intitule une de ses pièces *Contralto*, il inscrit fièrement, en tête de son *Poème de la femme*, comme au socle d'une statue : *Marbre de Paros* ; il exécute des variations sur *le Carnaval de Venise* avec le brio de Paganini. Pour mériter vraiment leur titre de *Camées*, il ne manque à quelques-unes de ces pièces, d'un dessin si charmant, d'un trait si net et si sûr, qu'un peu plus de brièveté. Comme tous les poètes de pure forme, qui se complaisent aux bagatelles descriptives et que n'arrête aucune difficulté d'expression, — comme son maître Victor Hugo, — Théophile Gautier a un penchant à faire long. Dans ses *Premières Poésies*, il lui arrivait fréquemment de gâter une pièce admirable, *les Ténèbres* par exemple, pour ne savoir pas s'arrêter à temps. Dans *Émaux et Camées*, il lui arrive encore de pousser le développement d'un motif poétique jusqu'à la fatigue et la monotonie. Mais, du moins, il sait mieux discipliner sa verve, apaiser sa couleur, mettre un frein à la fougue de ses métaphores. Il s'est débarrassé des audaces mal réglées de sa jeunesse et des scories bouillantes du vieux romantisme, comme un métal qui se purifie. Et, en même temps que le métal se raffinait, il y gravait d'une pointe plus délicate, plus incisive et plus ferme, ces figures d'un contour si rare et si recherché, mais d'un si merveilleux fini.

Théophile Gautier est arrivé là à une certitude souveraine. Il taille ses odelettes en plein marbre, il frappe ses strophes en médailles, il cisèle les caprices de son imagination comme un poëte de l'Anthologie grecque, comme un Benvenuto Cellini de la rime. Sous ce titre expressif et bien choisi, il avait trouvé le cadre qui convenait à son talent exquis, mais sans profondeur, à ses aptitudes de virtuose incomparable, ayant, au plus haut point, à défaut des grands élans et des larges coups d'aile, de tout ce qui élève l'esprit ou fait battre le cœur humain, le mécanisme et ce qu'on pourrait appeler le doigté de la poésie. C'est surtout dans les *Émaux et Camées* que ce magicien du style, arrivé enfin à l'indifférence suprême où il s'acheminait depuis si longtemps, et parvenu, sans grand effort peut-être, à écarter de son intelligence tout ce qui n'avait pas de rapport à son art, pareil au fakir indien qui ne veut pas être distrait dans la contemplation de son nombril, s'est montré le grand prêtre de l'école des

Impassibles, et, comme l'a dit Baudelaire, en lui dédiant *les Fleurs du mal,* le poëte impeccable!

Je me suis attardé à étudier cette face du talent multiple de Théophile Gautier, parce qu'elle a été souvent rejetée dans l'ombre et qu'elle reste pourtant la plus importante et la plus digne d'attention. Le poëte se retrouve encore, çà et là, dans son *Théâtre,* dont il est à peine nécessaire de parler. La nature d'esprit de Gautier, toute portée à la fantaisie, impropre à l'observation de la nature humaine, à la création et au développement des caractères, dépourvue des qualités positives qu'il faut pour arranger une action, la mettre en scène, nouer l'intrigue et la dénouer suivant toutes les règles de l'art scénique, ne pouvait réussir au théâtre, et ne s'y est essayé qu'en passant. Un jour, pourtant, il s'associa avec un vaudevilliste, et de cette collaboration bizarre résulta le *Tricorne enchanté,* « bastonnade en un acte et en vers, mêlée d'un couplet », que l'Odéon a reprise l'autre jour avec un succès tempéré. A force d'être poussé à outrance, le comique y perd son effet, et la puérilité du fond ressort mieux encore par la savante et presque laborieuse précision de la forme. Il est difficile de déterminer quelle peut avoir été la part de M. Siraudin dans cette bluette conçue en dehors de toute réalité, et qui n'a pour elle qu'une versification très souple et un style singulièrement savoureux. Elle est strictement coulée dans le moule de la vieille comédie. Frontin, Marinette, Géronte et Valère reproduisent trait pour trait, quelquefois phrase pour phrase, en les exagérant, les valets fripons, les amoureux et les dupes de Molière, de Regnard, de Dancourt. Quant au sujet de la pièce, c'est la mise en œuvre d'une des mystifications jouées à Poinsinet, ou, plus simplement, la réduction d'une comédie de Brécourt, *le Jaloux invisible*. — Pastiche encore, pastiche toujours!

Théophile Gautier n'aimait, du théâtre, que le côté plastique, les splendeurs du décor et de la mise en scène. Il préférait hautement la féerie à la tragédie, et je suis étonné qu'il n'ait point essayé d'en faire une. Mais ce qu'il aimait le mieux, après la féerie, c'était le ballet, et il a laissé, en *Giselle* et en quelques autres, les chefs-d'œuvre du genre. On ne mentionne qu'une œuvre posthume de Théophile Gautier, et c'est un ballet : *le Preneur de rats!* Rien de plus naturel et de plus caractéristique. Sa fantaisie était à l'aise dans ce cadre complaisant, qui se prête aux caprices vagabonds du rêve, qui ne veut, de l'idée que la surface, du sentiment que la fleur, où tout s'arrange en tableau, prend la couleur, le mouvement, la forme pittoresque et vivante, où l'esprit est sacrifié aux yeux, où l'on ne s'arrête, enfin, qu'à ce qui peut être traduit par les séductions combinées de la grâce féminine et des deux arts les plus voluptueux du monde : la musique et la danse.

Il réussit mieux dans la nouvelle et le roman que dans la comédie. Son œuvre de conteur est considérable, mais on n'y trouve pas davantage les qualités de penseur et d'inventeur, et il n'y montre guère que l'originalité du style et l'invention de détail. Là, encore, l'imitation apparaît à chaque pas, et l'écrivain pousse jusqu'au décalque le zèle de la couleur locale. Nul ne s'entend mieux à évoquer, par la magie du style, les mondes disparus, à les faire revivre dans les moindres particularités de leurs mœurs, de leur langage, de leur ameublement, de leurs modes. *Le Roman de la Momie* et *Une nuit de Cléopâtre*, pastiches égyptiens ; *le Roi Candaule*, pastiche semi-grec et semi-barbare ; *Arria Marcella*, pastiche romain ; *le Capitaine Fracasse*, pastiche Louis XIII ; *Omphale* et *le Petit Chien de la marquise*, pastiches Pompadour ! Il saute d'Hérodote à Crébillon fils, et de Pen-tha-our à Scarron. On dirait une gageure. Si c'en est une, il l'a gagnée largement et haut la main.

Même dans les récits où le pastiche est moins voulu et moins apparent, Gautier subit toujours une impulsion et reflète encore une image. En 1833, suivant l'exemple tracé avec une verve si cruelle par Henri Heine, il débute par *les Jeunes-France*, parodie du romantisme, dont il était pourtant le champion et dont il devait rester l'un des grands pontifes. Théophile Gautier s'était montré l'un des plus bouillants athlètes d'*Hernani*, et ses poings formidables, — des poings dont il était aussi fier que de ses plus belles rimes, — avaient aplati bien des chapeaux et bossué bien des crânes de Philistins dans la mémorable soirée du 26 février 1830. Mais il avait trop d'esprit, — et trop de scepticisme, — pour ne pas rire de ces enthousiastes folies. Comme il se moquait de lui en même temps que de ses amis, ceux-ci n'osèrent lui en vouloir, et ils ne virent dans son livre qu'un recueil de contes d'un style *abracadabrant*, d'une verve gauloise et d'une gaieté de haut goût.

Deux ans après, parut *Mademoiselle de Maupin*. Entre les autres œuvres de Th. Gautier où le *nu* abonde, où l'auteur, digne d'ambitions plus hautes, cherche un facile succès dans la caresse des sens ; où, en croyant peut-être étudier les passions humaines, il ne met trop souvent en scène que les fantaisies du libertinage et le raffinement de la corruption, ce roman mérite une réprobation spéciale. *Mademoiselle de Maupin* est, dans toute la force du terme, un mauvais livre, un des plus mauvais assurément qu'aucune plume ait jamais écrits, et l'accès en devrait être pour le moins interdit aux mineurs comme on leur ferme la porte d'un musée secret. Dans l'explosion d'hyperboles tirées comme des feux d'artifice autour de la tombe de Gautier, j'ai vu le moment où des amis aussi maladroits que zélés allaient faire de *Mademoiselle de Maupin* un livre édifiant. Pas un, du moins, n'a voulu convenir que le roman fût immoral, comme le répètent ces bourgeois qui, à ce qu'il paraît, ne savent pas ce qu'ils disent. Immoral ! quel est le pleutre, le cuistre, l'idiot, le calomniateur infect, l'absurde et infâme sycophante, le bélître odieux et bouffon qui ose se servir de cette expression démodée, tombée en désuétude avec les ailes de pigeon ? Qu'est-ce que cela veut dire, immoral ? Est-ce que l'art est jamais immoral ? Est-ce qu'il n'est pas sa moralité à lui-même ? Dans ce livre, — écoutez bien, M. Jourdain, c'est de la prose, — « l'idéal domine et triomphe ; les nudités se transfigurent sous la lumière d'un style rayonnant ; l'infini du désir est tel, que la sensualité s'évanouit », etc., etc. Ainsi s'exprime le plus brillant disciple du maître. Il y a trop de brouillamini et de tintamarre là-dedans, dirons-nous comme M. Jourdain. Quant à nous, bonnes gens, nous croyons qu'il existe des choses morales et des choses immorales, et que les choses immorales ne sont jamais morales ; nous ajouterons que l'art, loin de les atténuer, les rend à la fois plus dangereuses et plus inexcusables.

On juge bien que nous ne perdrons pas notre temps à soutenir cette thèse. Si nous ne préférions écarter au plus vite ce malheureux ouvrage, triste souvenir à rappeler sur une tombe, nous pourrions montrer que là aussi Théophile Gautier n'est venu qu'après quelqu'un. *Fragoletta*, de Latouche, et d'autres ouvrages encore plus oubliés aujourd'hui, mais qui faisaient grand bruit alors, avaient frayé la voie au jeune écrivain, et la fameuse préface par laquelle il aggrava les torts de son livre n'était qu'une riposte exaspérée aux attaques de la critique *vertueuse* contre les frères aînés de *Mademoiselle de Maupin*. Mais il est impossible de quitter ce roman aussi vite que nous l'aurions voulu. Il n'est pas, en effet, un accident isolé dans l'œuvre de Théophile Gautier, un de ces péchés de jeunesse qui pèsent sur toute une vie littéraire, dont on peut cependant détourner les yeux lorsque l'auteur s'est efforcé de les faire oublier. Sans excuser une œuvre impardonnable, nous l'aurions, s'il en était ainsi, écartée d'un seul mot. Nous en avons tant vu depuis, qui n'avaient même pas le mérite du style, et s'adressaient simplement aux appétits les plus bas et les plus malsains

de la bête humaine, sans rien garder pour l'esprit !
Mais, loin de désavouer ce livre, Théophile Gautier
le refit pour ainsi dire toute sa vie, et le retentissement du scandale n'était pas encore apaisé qu'il
le renouvelait, sur une moindre échelle, dans son
roman de *Fortunio*.

Par beaucoup de côtés, *Fortunio* est l'œuvre type
et tout à fait caractéristique de Gautier, que nous
pouvons étudier ici avec un peu moins d'embarras :
« *Fortunio*, dit-il dans sa préface, est un hymne
à la beauté, à la richesse, au bonheur, les trois seules
divinités que nous reconnaissions ». Mais à quoi
bon s'arrêter à la préface ? Le livre n'en a pas
besoin. La nature épicurienne, aristocratique et
orientale de Gautier s'y affiche sans aucune hypocrisie. *Fortunio* est un rêve de sensualité délirante
où il a voulu peindre son idéal : on y trouve le
mélange de toutes les jouissances de la vie barbare
avec les raffinements de la civilisation la plus avancée,
les richesses et les mœurs des *Mille et une nuits*,
le luxe et le despotisme asiatiques transportés au
milieu de Paris par un jeune prince qui unit en lui
le satrape au fashionable. L'auteur prend un plaisir
de dilettante à étaler la corruption élégante, exquise
et froide de ses héros, et il pose dans ce rôle avec
une volupté qui se double du plaisir d'indigner le
plat bourgeois et le critique cunuque. Il refait

presque à chaque page la profession de scepticisme de Musset, en tête de *la Coupe et les lèvres*, sur un ton de raillerie paradoxale et d'ironie blasée où il a l'air de se moquer de soi en même temps que du lecteur. Il cherche sans cesse à étonner, à inquiéter, à révolter les idées reçues.

Foin des professeurs d'écriture et de civilité puérile qui composent des romans afin de prouver qu'il ne faut pas se mettre les doigts dans le nez! Pour lui, il célèbre l'or, le marbre et la pourpre, trois belles et bonnes choses très positives. Il professe hautement que les roses sont plus utiles que les choux. Il hait toutes les platitudes prétentieuses, les illusions de l'âme, les mélancolies du cœur, le spiritualisme qu'on professe en Sorbonne, la politique et l'économie politique, la philanthropie, le progrès, la démocratie, les vertus malingres et les maigres pudeurs. Il est excédé de tout ce qu'il y a d'étriqué, de mesquin et de convenu dans l'époque actuelle; écœuré de cette atmosphère de mélasse et de gaz hydrogène, de cette promiscuité banale avec les marchands de chandelles. Il voudrait vivre dans les temps et dans les pays où les individualités originales pouvaient se mouvoir librement. Sur ce matérialisme *pachalesque* plane un fatalisme non moins oriental. Je ne voudrais pas attacher une importance philosophique exagérée à des phrases en l'air; mais quand Théophile

Gautier justifie son héroïne Musidora en écrivant ceci : « Il est des natures de diamant qui en ont l'éclat sans chaleur et l'invincible dureté; rien ne mord sur elles...Le monde les accuse de barbarie et de cruauté; elles ne font qu'obéir à une loi fatale qui veut que, de deux corps mis en contact, le plus dur use et ronge l'autre. Pourquoi le diamant coupe-t-il le verre et le verre ne coupe-t-il pas le diamant ? Voilà toute la question. Ira-t-on accuser le diamant d'insensibilité? » je ne puis m'empêcher de me souvenir qu'il a employé sans cesse ce genre d'argument, et que, dans son étude sur Baudelaire, réfutant les objections adressées aux *Fleurs du mal*, il disait : « Toutes ces niaiseries font hausser les épaules à l'artiste vraiment digne de ce nom, qui est fort surpris lorsqu'on lui apprend que le bleu est moral et l'écarlate indécent. C'est à peu près comme si l'on disait : « La pomme de terre est vertueuse, et la jusquiame est criminelle. »

Avec de semblables principes, la courtisane elle-même n'est pas plus coupable que telle plante exotique et vénéneuse qui empoisonne les gens en leur procurant des rêves agréables. Théophile Gautier triomphe dans le tableau de cette créature mignonne, voluptueuse et cruelle comme la chatte, qu'il aime presque autant et qu'il peint à l'occasion avec le même amour. La description est la forme naturelle de son talent tout plastique ; il décrit sans cesse, il décrit toujours : meubles, objets d'art, vaisselle, draperies, robes, diamants, et dès qu'il se met sur le chapitre de la beauté féminine, c'est avec des termes de connaisseur, des appréciations de dilettante, des raffinements de parfait maquignon, qui donnent une couleur profondément sensuelle à ses plus chastes peintures. Il a le goût et l'érudition de tout ce qui est bizarre, inconnu, compliqué, en dehors du grand courant vulgaire, dans les choses comme dans les mots : des sciences occultes, des parfums étrangers, des fleurs tropicales, des bêtes fabuleuses, et son érudition de vocabulaire le pousse encore à ces exercices, dont il se tire à merveille. On prétend que la bibliothèque de Théophile Gautier se composait surtout de dictionnaires, dont il faisait sa lecture favorite, qu'il apprenait par cœur, et où il s'était formé un glossaire personnel très opulent, très coloré, abondamment fourni d'expressions techniques, d'épithètes imprévues, de tournures inusitées, pour rendre avec un relief et une précision extraordinaire les nuances les plus insaisissables du rêve. Un étranger qui croirait savoir le français jetterait des cris d'angoisse en essayant de le comprendre. Lisez ses contes fantastiques : *Avatar*, *Jettatura*, le *Pied de momie*, la *Pipe d'opium*, *Spirite*, etc., le burin de Gautier y sculpte dans le granit cette fumée des songes et anime d'une vie presque effrayante les cauchemars d'un cerveau malade. *Le Club des Hachichins* se termine par vingt-cinq pages à donner le vertige, comme si, en les lisant, on mâchait la pâte verte du Vieux de la Montagne. Toutes les nouvelles de Gautier sont ainsi remplies de morceaux qui ressemblent à des placages et qu'on croirait faits tout exprès pour être découpés dans les anthologies. Mais en ayant les avantages de cette manière, il en a aussi les inconvénients. Son style savant et armé de toutes pièces manque de légèreté, même dans sa souplesse; il a plus de coloris que de chaleur, plus de relief que de vie véritable; l'ampleur de la période y dégénère souvent en lourdeur, et la phrase y tombe avec les plis un peu roides d'une robe de brocart et de velours. Purement extérieur, et par là même superficiel, ce n'est pas l'âme qu'il peint, mais le corps; pas même le visage, mais le masque; pas la nature, la fantaisie ; pas l'attitude et l'expression, la grimace et la gambade; et quand il croit ressusciter une époque, il n'en ressuscite que le décor.

Théophile Gautier devait réussir surtout dans les récits de voyages. C'est là qu'il est véritablement un classique : ses pages sont, dans toute la force du terme, des tableaux dont aucun peintre n'a dépassé la magie. Son instinct l'entraînait de préférence vers les régions de la couleur et de la lumière, et l'on peut regarder comme ses trois chefs-d'œuvre *Italia*, *Tra los Montes* et *Constantinople*. On raconte qu'en partant pour la Crimée, le maréchal Saint-Arnaud avait emporté ce dernier volume dans sa valise. En vue du Bosphore, un de ses aides de camp, remarquant qu'il gardait le silence tandis que ses officiers ne pouvaient retenir leur enthousiasme, lui dit : « Mais, maréchal, est-ce que vous avez déjà vu l'Orient? — Oui, répondit-il : je l'ai vu dans le livre de Gautier. » L'Orient, c'était la vraie patrie de ce poète indolent et fataliste, endormi dans le kief de l'art pour l'art, comme un pacha dans son harem; il n'en aimait pas seulement le climat, les paysages, les villes, les costumes, il en aimait la civilisation et les mœurs. Il se plaisait à y séjourner et, au retour, à se promener sur les boulevards, vêtu en fils du Prophète. En dehors de ces pays du soleil, comme en guise d'antithèse, il a décrit le pays des neiges, la Russie, avec la même sûreté de main et la même puissance de pinceau. Chaque monument, chaque pan de mur, avec ses moindres lézardes et ses plus fugitifs effets de lumière, se gravent sur la rétine de son œil visionnaire et se reflètent dans son imagination comme sur la paroi d'une chambre noire. Rien ne lui échappe, — excepté l'homme : « C'est bien beau, disait une femme d'esprit en fermant *Tra los Montes*, mais il paraît qu'il n'y avait pas d'Espagnols en Espagne quand M. Théophile Gautier y est allé. » Et lui-même nous a livré le mot de son talent en écrivant dans les *Caprices et zigzags* : « L'homme est de trop presque partout, et les figures ne valent presque jamais le paysage. »

Un pareil tempérament littéraire devait faire de Théophile Gautier l'homme le moins apte à la critique. Il l'avait en profond mépris, et dans sa préface de *Mademoiselle de Maupin*, il n'est pas d'injures, de sarcasmes et de quolibets dont il n'ait criblé ceux dont il allait devenir et rester plus de trente ans le confrère. C'est ainsi : on passe la première partie de sa vie à écrire contre la critique ou contre l'Académie, et la deuxième à essayer de devenir critique ou d'entrer à l'Académie. Pendant les trente à quarante ans que Théophile Gautier fit péniblement à *la Presse*, à *l'Artiste*, au *Moniteur*, au *Journal officiel*, son *métier* de critique, le souvenir de ses anciennes diatribes semble avoir pesé sur lui, et l'on eût dit qu'il écrivait poursuivi sans cesse par la honte et l'embarras du démenti qu'il se donnait à lui-même.

C'était, du reste, une idée bizarre d'avoir été demander l'exercice de la critique à un esprit aussi inconscient, aussi dépourvu de toutes les qualités et de toutes les facultés du juge. Son principal titre en ce genre, *les Grotesques,* ne prouve qu'en faveur de l'écrivain, et il ne faut pas chercher l'ombre d'une sérieuse étude littéraire ou morale dans ce curieux musée de médaillons grimaçants où Théophile Gautier, cherchant des ancêtres et des congénères en cette époque de Louis XIII vers laquelle il se sentait si vivement attiré et dont il devait faire encore le cadre de son *Capitaine Fracasse,* a évoqué, comme les figures d'une de ses nouvelles fantastiques, un petit monde de difformités littéraires, de déviations poétiques, d'illustrations extravagantes et de gloires éclopées. De même, la critique ne fut pour lui qu'un prétexte à tableaux, et, en réalité, on ne lui demandait pas autre chose. Le théâtre et les livres fournissaient à son génie descriptif un aliment sans cesse renouvelé. Il se substituait à l'écrivain et reprenait le thème pour le traiter à sa manière, ou pour y broder, comme sur un canevas, d'éblouissantes arabesques. Dans la critique d'art surtout, où ses premières études lui donnaient une compétence spéciale, et où sa connaissance des termes techniques, sa science étonnante du vocabulaire pittoresque, le servaient autant que ses aptitudes exclusives pour tout ce qui était sensation, forme, couleur et contour; dans ces *Salons* qu'il poursuivait flegmatiquement six mois après la fermeture de l'exposition, il rivalise tour à tour, et comme sans effort, avec les Decamps, les Fromentin, les Diaz, les Ziem, les Regnault, les Delacroix, et si l'on comparait leur palette à sa plume, ce n'est pas toujours celle-là qui aurait l'avantage.

Avec une bienveillance universelle, qui n'était, au fond, qu'une universelle indifférence, il jetait la pourpre de son style sur des pauvretés dont il faisait un moment quelque chose et qui ne vivaient que par lui. C'est surtout depuis douze ou quinze ans, lorsqu'il fut devenu en quelque sorte le critique officiel de l'empire, que cette bienveillance banale s'était exagérée jusqu'à l'effacement le plus absolu. Le Gautier rutilant, rugissant et flamboyant d'autrefois, éteint par l'âge et la fatigue, la prospérité et les convenances officielles, endormi dans sa grasse prébende, occupé à ne choquer personne pour n'être pas troublé lui-même, tournait au gros bourgeois littéraire, et le vieux lion, appesanti par un narcotique, ressemblait maintenant à l'éléphant blanc du roi de Siam. Il frayait avec la cour, il était invité à Compiègne; M. Duruy lui demandait un rapport sur les progrès de la poésie. On l'avait fait officier de la Légion d'honneur: c'était un demi-fonctionnaire et presque un écrivain d'État. Dans ce rôle si nouveau pour lui, Gautier s'était rangé jusqu'à devenir moral, autant qu'il pouvait l'être. Toujours païen, mais païen décent, il vivait en termes respectueux avec toutes les institutions qu'il avait bafouées au temps de ses folies de jeunesse, et il faisait même profession d'un certain faible d'artiste pour le catholicisme, à cause des chants de l'orgue, de la lumière des cierges, du parfum de l'encens, et aussi par dégoût de la grosse et *pataude* impiété des démocrates en souliers sales. Seul, dans cette transformation universelle, son style était resté le même: s'il avait perdu de sa fougue, il avait gardé sa couleur, avec plus de calme, et sa perfection magistrale. Jusqu'à sa dernière heure, Gautier resta un *écrivain* impeccable, et on peut dire qu'il n'y a pas une page négligée dans son œuvre.

Ce fut alors que l'ambition lui prit d'entrer à l'Académie française, pour couronner cette évolution classique du vieux romantique engraissé plutôt que converti. Son échec souleva des clameurs. S'il n'y avait au monde que des questions d'art et de style, certes l'auteur de *Militona* et des *Émaux et Camées* méritait d'y siéger dans les premiers rangs. Mais l'Académie, qui est un salon, et le premier de tous, a coutume de s'inquiéter aussi de la dignité des œuvres et de la vie: à supposer qu'elle l'ait oublié quelquefois, il faut la louer du moins de ne pas l'oublier toujours. Mérimée seul eût pu répondre au récipiendaire en faisant l'éloge de *Mademoiselle de Maupin*.

N'insistons pas; concluons seulement qu'il a manqué à Théophile Gautier, pour être un de ces écrivains dont l'œuvre est l'honneur d'une époque et le patrimoine d'un pays, d'avoir la passion des grandes idées et le culte des grandes choses. Ce fut un artiste extraordinaire, ce ne fut pas un grand esprit. Après avoir modelé avec amour les Galatées de marbre dont il peuplait ses œuvres, ce Pygmalion incomplet ne s'inquiétait pas de leur souffler une âme. Ses phrases étaient si belles qu'en s'y mirant comme Narcisse, dans une contemplation stérile, il oubliait d'y renfermer une idée. C'est un reflet, qui double et quelquefois décuple l'éclat de l'image qu'il a reçue, mais ce n'est qu'un reflet. A quelle pensée éclatante a-t-il attaché son nom? Quel mouvement généreux a-t-il soulevé ou simplement suivi? Quelle noble et salutaire influence a-t-il exercée? Quelle erreur a-t-il combattue? Quelles bassesses a-t-il flétries? Quelle grande cause a-t-il épousée? Éprouvera-t-on jamais le besoin de relire une seule de ses pages pour s'associer à la vie morale de son temps, pour y retrouver un écho de ce qu'ont cru, senti, aimé, souffert ses contemporains? Non: il restera comme un curieux phénomène littéraire, en dehors du courant général de l'esprit français. Parfois on relira son œuvre, comme on regarde certains tableaux éclatants et bizarres de nos musées. Ce qui n'est pas *humain* n'intéresse pas longtemps l'humanité : Gautier est une statue grecque, la statue de Memnon, si l'on veut, doublée d'une idole hindoue ; il n'est pas *un homme!*

De bonne heure, sa force avait été enveloppée d'une certaine torpeur. Il y avait autour de lui comme une vapeur narcotique, où il vivait dans l'engourdissement d'un songe continu. Asiatique égaré et dépaysé dans notre piètre civilisation d'Occident, il professait un mépris souverain pour la politique, pour les affaires, pour l'action, rêvant les plaisirs, le pouvoir et le luxe dans des proportions colossales, mais se contentant de rêver, et souffrant de la disproportion entre l'énormité du rêve et l'étroitesse du réel. Il n'a même pas su être heureux. Sous l'apparence d'une sérénité olympienne, il promenait un fonds de tristesse incurable, et il est mort plein d'amertume contre la vie, qui lui avait tant promis et si peu donné !

LOUIS VITET

10 juin 1873.

M. Vitet vient de mourir, huit jours à peine après M. Pierre Lebrun. C'est le quatrième *immortel* que l'épidémie académique emporte en quatre mois. Jours fortunés pour les candidats! On a pu craindre un moment que la mort n'allât plus vite que la vie et que les recrues ne fissent défaut. La dernière élection, celle de M. Louis de Viel-Castel, a présenté une particularité rare et presque unique dans les fastes de la Compagnie : l'historien de la Restauration n'avait pas de concurrent, — pas même, pour sauver les apparences, quelqu'un de ces Gagne ou de ces Bertron littéraires, candidats perpétuels au fauteuil, comme il n'en manquait jamais autrefois, quand les vieilles croyances n'étaient pas encore ébranlées. Il est à croire que ce phénomène ne se renouvellera point.

Le dernier acte public de la vie de M. Vitet aura été son vote à la Chambre dans la mémorable séance du 24 mai dernier. Il n'hésita pas à se prononcer avec la majorité ; mais cette nécessité pénible coûta beaucoup à sa vieille amitié pour M. Thiers, qu'il avait contribué lui-même à porter au pouvoir comme signataire de la proposition Grévy. Agité par cette lutte entre sa conscience et son affection, M. Vitet se coucha au sortir de la séance, et il ne s'est plus relevé.

L'homme politique ne m'appartient pas. Il suffira de dire qu'il portait au Parlement toutes les qualités qui avaient valu à son nom tant d'estime, d'autorité et de respect : la dignité, la conscience, la justesse et l'élévation des vues, la haute lucidité de l'intelligence, l'amour de la vérité et de l'équité. Ce n'était pas un orateur, et il se fit plus souvent apprécier dans les commissions qu'à la tribune. Mais son caractère, plus encore peut-être que la supériorité de son esprit et la célébrité de son nom, lui avait valu sur ses collègues une influence qui se traduisit jusqu'à la fin, par son élection à la vice-présidence de l'Assemblée. Le caractère, c'est là surtout ce qu'il faut mettre en relief chez M. Vitet ; c'est le trait saillant de sa physionomie. L'homme et l'écrivain ne faisaient, pour ainsi dire, qu'un chez lui. Esprit d'une rare droiture, âme d'une limpidité, d'une sérénité, d'une élévation très grandes et, pour tout dire d'un mot que me suggère un de ceux qui l'ont le mieux connu, un des plus beaux types de dignité humaine qui se pussent rencontrer, il cachait de plus un cœur chaud et affectueux sous l'apparence correcte et froide d'un *gentleman*, et la sûreté de son commerce égalait la douceur de son amitié.

M. Vitet n'était pas seulement un critique d'art, c'était le critique d'art. Mais il avait débuté dans une autre voie. Les *Barricades*, scènes historiques publiées avec un vif succès en 1826, sous le voile de l'anonyme, et qui furent successivement complétées par *les États de Blois, la Mort de Henri III*, puis, beaucoup plus tard, par *les États d'Orléans*, nous montrent un premier Vitet un peu oublié depuis et qui sembla prendre à tâche de se faire oublier lui-même. Là, comme Manzoni, mort quelques jours avant, comme Lebrun, mais sur un terrain à part, avec moins d'élévation que le premier, avec bien autrement de verve et d'éclat que le second, il fit œuvre de précurseur et fraya les voies au théâtre, qui allait suivre dans le sillon si vaillamment ouvert et entrer par la brèche. L'*Henri III* d'Alexandre Dumas et celui de M. Vitet pénétraient pêle-mêle dans la place la même année, en se donnant la main et en enfonçant de concert les portes de la citadelle classique : rapprochement étrange entre deux noms et deux carrières si profondément disparates.

Dans ce genre intermédiaire, dont le défaut principal était de n'être complètement ni du théâtre, ni de l'histoire, et d'inquiéter les esprits qui aiment les classifications nettes, on ne saurait croire tout ce que M. Vitet a mis de mouvement et de couleur, comme il sait animer les détails, rattacher à l'ensemble les tableaux morcelés, restituer une physionomie et peindre un caractère en quelques traits rapides et nerveux, souffler enfin sur tous ces détails péniblement recueillis par l'érudit et l'archéologue, pour leur donner la flamme et la vie. Il s'appropria du premier coup et marqua si hardiment à son empreinte ce genre déjà abordé par le président Hénault dans son *François II* qu'il sembla l'avoir créé. Les imitateurs se levèrent aussitôt de toutes parts. On vit paraître coup sur coup les *Comédies historiques*, de Rœderer, écrites peut-être auparavant, mais qui attendirent le signal des *Barricades* pour se montrer au public ; *les Soirées de Neuilly*, de Cavé et Dittmer ; *la Jacquerie*, de Mérimée. Il semble, j'ose le dire, que Mérimée lui-même ait donné son coup de pouce à quelques-unes de ces scènes enlevées si vivement, surtout aux *États de Blois*, qui l'emportent de beaucoup sur les autres parties. Dans *les Barricades*, il n'est pas encore entièrement maître de sa manière ; dans la *Mort de Henri III*, il ne l'est plus : il l'exagère jusqu'à une sorte de caricature violente et heurtée, qui fait çà et là grimacer l'histoire. Dans *les États de Blois*, il a trouvé le point juste, et j'en voudrais retrancher seulement une scène de confession, que M. Vitet, devenu plus respectueux, même avant de devenir plus croyant, n'eût pas écrite dix ans après.

Mais, lorsqu'il eut jeté sa gourme avec cette fougue un peu juvénile, si surprenante pour tous ceux qui ne connaissent que le Vitet de la seconde manière, il entra dans la voie qu'il ne devait plus quitter. Sa vraie tâche dans le grand mouvement littéraire et artistique des environs de 1830, si l'on tient absolument à l'y rattacher, ce fut de faire connaître, comprendre et aimer l'art du moyen âge, de le venger du dédain, d'en montrer non seulement la grandeur, mais la logique et les lois. Tandis que M. de Montalembert écrivait : *Du Catholicisme et du Vandalisme dans l'art;* que M. Victor Hugo publiait *Notre-Dame de Paris*, M. Vitet révélait les *Monuments du nord-ouest de la France*, étudiait le musée de Cluny, plaidait la cause de saint Cunibert de Cologne, amassait des matériaux pour sa longue monographie de Notre-Dame de Noyon. Mais il le faisait sans esprit de parti, dans des vues plus hautes et plus désintéressées que d'apporter sa pierre à l'entreprise nouvelle. Malgré la fièvre passagère du début, le nom de romantique ne convient pas à cet esprit tempéré par nature et sage par besoin, qui rentra bien vite en son lit pour n'en plus sortir. M. Vitet ne chercha jamais dans l'art que le vrai et le beau, sans s'inquiéter de leur étiquette, et les salua partout, dans la Grèce antique comme dans la France moderne, dans les Catacombes romaines comme à Saint-Sulpice et à Saint-Vincent de Paul, avec le jugement le plus large et le plus compréhensif, le sentiment le plus fin et le plus équitable. Sa science le gardait de tout système étroit et de tout engouement exclusif. Par la sûreté du goût, par la mesure des appréciations, par la perfection de la forme, comme par toutes les habitudes de son caractère et de son esprit, M. Vitet est un pur classique.

Ces *Études sur l'histoire de l'art*, groupées après coup sous les grandes divisions de l'antiquité, du moyen âge et des temps modernes, qui s'ouvrent par Pindare et les marbres d'Éleusis, pour se fermer par un chapitre sur Rossini et l'avenir de la musique, touchent à tous les temps et à toutes les faces du sujet, qu'ils éclairent de vives lueurs. Il y a là telle notice qui a l'importance et presque l'étendue d'un livre : par exemple, ce modèle des monographies artistiques, *Eustache Le Sueur*, si attachant, si complet, d'un cadre si heureux et d'un plan si nouveau, auquel l'auteur a su relier, sans sortir du sujet, un tableau de l'art en Italie et en France, et le portrait de tous les rivaux magnifiques du doux peintre qui, en s'effaçant devant eux, a fini par les vaincre. M. Vitet y poursuit l'histoire de l'art dans toutes ses formes, non seulement dans l'architecture, qui est son terrain de prédilection, dans la peinture, la sculpture et la gravure, mais dans l'orfèvrerie, la musique, les lettres, et jusque dans les jardins, dont il a tracé la théorie en quelques pages où la science de Kent et de Le Nôtre s'allie à une fraîcheur exquise et à un grand charme pittoresque.

Tous ces chapitres sont comme des morceaux détachés du grand ouvrage d'ensemble qu'il rêvait, mais qu'il ne fit point parce qu'il en voyait trop bien l'immense étendue et les difficultés sans nombre. La préoccupation constante de M. Vitet, le monument qu'il eût voulu élever, c'était une histoire de l'art poursuivie, sans solution de continuité, depuis ses origines les plus lointaines jusqu'à nos jours. L'architecture indienne, l'art chinois ou japonais, les édifices égyptiens ou arabes excitaient l'ardente curiosité de son esprit autant que les statues grecques ou les églises gothiques. Il s'intéressait aux fouilles, se tenait au courant des découvertes, lisait les relations, étudiait les moulages ou les gravures de ce qu'il n'avait pu voir par lui-même, et se faisait présenter à des inconnus pour examiner chez eux les photographies des forteresses du moyen âge élevées dans la Cœlé-Syrie par les Templiers, ou les ruines de ce prodigieux temple d'Angcor, œuvre colossale de quelque Michel-Ange khmer, qui l'étonnait par sa puissance *classique* et ouvrait à son esprit des horizons nouveaux sur les rapports et les affinités étranges, les influences lointaines et les pérégrinations de l'art.

L'Introduction qu'il a mise en tête de ses *Études* est du moins une rapide et brillante esquisse de cet immense sujet. En protestant qu'il n'a pu avoir aucune intention de tracer un tableau complet et méthodique, en indiquant les conditions et les difficultés du travail qui aurait à combler tant de vides, à rectifier tant de faits, à renouer, à travers tant de siècles, la chaîne en apparence interrompue, à reprendre sur de nouvelles bases l'art antique, restitué, éclairci, complété, depuis Winckelmann, par un siècle de découvertes et de révélations, à tenir compte de toutes les idées et de toutes les formes nouvelles introduites par dix-huit cents ans de christianisme, il fait plus que de montrer l'idéal qu'il s'était créé d'une pareille œuvre: il l'ébauche et l'éclaire de façon à redoubler nos regrets, mais aussi à aider singulièrement un esprit assez vigoureux pour regarder cette vaste entreprise en face sans en être effrayé. Le sujet est vu de haut, dans ses grandes lignes, par un philosophe autant que par un érudit. A défaut du monument, nous avons du moins les matériaux isolés, et plus que les matériaux : ici une corniche, là un entablement, ailleurs une façade, un vestibule, une aile. Partout il a jalonné la route, posé les pierres d'attente et comme les amorces du travail futur. M. Vitet était frappé d'une lacune de notre enseignement supérieur, que ne suffisaient pas à combler les cours non publics de M. Taine à l'École des beaux-arts. Tandis qu'il y a au Collège de France jusqu'à des cours de tartare mandchou, ni là, ni à la Sorbonne, on n'avait songé, malgré l'exemple des nations étrangères, à une chaire d'esthétique [1]. Il eût voulu en obtenir la création, et y faire monter M. Rio. Certes, on ne pouvait mieux choisir. Mais, lui aussi, avec quelle supériorité de science et de goût n'eût-il pas inauguré cet enseignement, et qui sait s'il ne fût point parvenu à populariser les notions du beau chez une nation dont on a dit qu'elle n'a pas la tête épique, mais dont on pourrait dire tout aussi justement qu'elle n'a pas la tête esthétique!

Il ne faudrait point que le critique d'art nous fît tout à fait oublier en M. Vitet le critique littéraire. Il ne

1. Cette chaire a été créée en 1878, pour M. Charles Blanc.

l'a été que par accident ou par épisode. En général, M. Vitet ne s'occupait de la littérature que par les côtés où elle se rattache à l'histoire et à l'archéologie, comme on peut le voir dans les études qu'il a consacrées aux livres de MM. Villemain, de Barante, d'Haussonville, à Pindare et à *la Chanson de Roland*. Mais lorsqu'il a été conduit à en parler, fût-ce sur les points les plus en dehors de sa nature, il n'est pas resté inférieur à lui-même. Ce grave esprit a trouvé les images les plus justes, les plus vives et les plus charmantes pour caractériser, dans sa réponse à M. de Laprade, le talent d'Alfred de Musset. M. Vitet, d'ailleurs, était un grand artisan de style; il ne croyait jamais sa forme assez parfaite, et « vingt fois sur le métier remettait son ouvrage », sans toutefois pousser la correction jusqu'à l'effacement. L'équilibre de ses facultés, la distinction de son esprit, la souplesse de son style, l'art avec lequel il s'appliquait à tempérer la solennité oratoire par une sorte de grâce sévère et d'élégante simplicité, par une aisance de bonne compagnie et un naturel ingénieux, si je puis ainsi dire, faisaient de lui l'exemplaire accompli de l'orateur académique.

L'élément pittoresque manque dans la vie de M. Vitet comme dans son œuvre. Nous ne rappellerons de sa biographie que le grand fait qui transforma un spiritualiste austère en un chrétien fervent. Il était allé à Rome pour y étudier les catacombes et les mosaïques chrétiennes quand il y fut atteint de la fièvre typhoïde. Le malade, transporté en toute hâte à Florence, fut si bien soigné par le dévouement conjugal qu'il guérit. Mais madame Vitet n'avait sauvé son mari qu'en se sacrifiant elle-même. Elle hérita de son mal, et les causes de cette mort accrurent encore la douleur qu'il en ressentit. Pendant plusieurs années, M. Vitet se sentit incapable d'un travail suivi. Son âme fut tout ébranlée de cette grande douleur, et la foi entra en elle par la souffrance. Ce fut une foi simple et complète, qui ne se marchanda pas, qui n'évita jamais l'occasion de s'affirmer, sans emphase comme sans respect humain; ce fut en même temps le *rationabile obsequium* dont parle saint Paul. Pour s'en convaincre, qu'on se rappelle seulement les articles, depuis réunis en volumes, que lui inspirèrent, dans la *Revue des Deux Mondes*, les *Méditations* de M. Guizot, notamment celui où il démontre, avec une telle hauteur de vues, l'impuissance absolue de la science à remplacer la foi, et l'accord des véritables principes scientifiques avec les croyances chrétiennes.

On n'a pas oublié ces pages éloquentes; on a oublié moins encore les *Lettres* qu'il publia pendant le siège et dont Paris aurait pu dire, comme Louis XVIII de la brochure de Chateaubriand, qu'elles lui valaient une armée. Ces lettres furent un bienfait public : elles contribuèrent, plus que toutes les proclamations, à soutenir le courage et à relever le moral de quiconque savait lire. C'est par cette œuvre de patriote et d'homme de cœur que M. Vitet a couronné sa carrière d'écrivain. Il n'en est pas qui ait mérité ni obtenu plus d'estime. Sa vie est un exemple de plus à l'appui de ses théories élevées sur l'accord du beau et du bien, de la conscience et du goût.

M. GUIZOT INTIME

12 août 1880.

M. Guizot n'est pas une figure de chronique, c'est une figure d'histoire. Cependant la chronique est induite à s'occuper de lui par le volume que vient de publier chez Hachette madame C. de Witt, sa fille, et qui nous montre le grave historien, l'illustre homme d'État, le huguenot dont le profil austère semblait n'avoir jamais été détendu par le sourire, sous un aspect intime et presque familier. Madame de Witt s'est complètement effacée dans cette publication, et elle a composé son livre avec les extraits des lettres paternelles, habilement choisis et groupés. Elle a fouillé dans le trésor des archives de la famille ; et après avoir parcouru ces fragments d'une correspondance toujours active avec sa mère, ses deux femmes, ses enfants, ses amis, on connaît mieux M. Guizot qu'après avoir lu les ouvrages où il n'a mis que de sa pensée sans y mettre de son âme.

Un jour, c'est lui qui le raconte, il se trouvait chez Talleyrand en petit comité, avec M. Piscatory, la duchesse de Dino et quelques autres. On causait si bien, comme il était naturel entre de tels interlocuteurs, qu'il échappa à M. Guizot de dire : « Ah ! c'est un grand plaisir que la conversation. — Il y en a un plus grand, celui de l'action, fit Talleyrand avec un demi-sourire dédaigneux. — Oui, mon prince, répliqua M. Guizot; et il y en a un plus grand que ces deux-là: celui de l'affection. » Le diplomate à l'âme racornie le regarda avec quelque surprise, mais sans sourire; il avait assez d'esprit pour le comprendre.

Il est probable que plus d'un lecteur aura éprouvé devant cette réponse une surprise analogue à celle de Talleyrand. On est enclin à considérer l'exercice de la pensée et la pratique de la politique comme presque incompatibles avec la cordialité des affections intimes. Cette prévention naturelle atteint à l'égard de certains hommes publics la proportion d'une sorte de calomnie. C'en est une véritable à l'égard de M. Guizot : « Cher ami, lui écrivait sa femme, quand je lis et relis ces lettres si charmantes, ces expressions d'une tendresse si simple, je pourrais dire si jeune, et que je pense à l'idée que se font de toi beaucoup de gens, à cet orgueilleux, cet ambitieux, ce cœur froid, cette tête calculatrice, cela me présente un contraste si singulier que je ne puis m'irriter de ces sots jugements. »

Cet effet de contraste ne sera pas moins saisissant pour le lecteur ordinaire, dont madame Guizot semble avoir voulu résumer l'impression d'avance. Et lui-même, beaucoup plus tard, à propos d'un article de la *Revue des Deux Mondes* sur ses *Mémoires*, écrivait dans le même sens : « Très bon pour moi ; un peu routinier, faisant toujours de moi ce personnage tragique, solitaire, sombre, qui finira par devenir une espèce de légende, fausse comme toutes les légendes. »

Au plus fort des affaires, M. Guizot trouvait le temps d'entrer trois ou quatre fois par jour chez sa mère, qui, après la mort de sa seconde femme, avait pris en ses mains vigilantes l'administration du ménage et la direction des enfants. Ceux-ci ne pouvaient l'embrasser qu'à la dérobée, entre deux conseils et deux audiences; mais ils l'embrassaient. De son ambassade de Londres ou de l'hôtel du ministère, lorsque la famille l'avait devancé dans la retraite du Val-Richer, il écrivait chaque jour, s'occupant de l'éducation des enfants, entrant dans tous les détails de leurs études, s'intéressant aux fraises et aux cerises du jardin, à la jument Bradamante, qui, malgré ce nom à panache, paraît avoir été une bonne vieille bête bien tranquille et tout à fait indigne d'être chantée par l'Arioste; décrivant les dîners et les toasts officiels, racontant des anecdotes à ses petits enfants pour les égayer.

Par exemple, un soir, au château de Windsor, il est resté à causer jusqu'à minuit, une demi-heure après le départ de la reine. Il se met en marche pour rentrer dans son appartement, se perd dans les galeries et les corridors et finit par entr'ouvrir une porte qu'il prend pour la sienne. Mais il aperçoit une femme assise qui fait sa toilette de nuit. Il ferme précipitamment la porte et se remet à errer comme une âme en peine. Enfin, il trouve un domestique qui le conduit à sa chambre. Le lendemain, à dîner, la reine lui dit en riant : « Savez-vous que vous êtes entré chez moi à minuit? — Comment! c'était Votre Majesté! — Certainement. » Et tous deux de rire de plus belle, et, sur sa demande, la reine de lui accorder la permission de raconter cet épisode dans ses *Mémoires*, malgré son caractère *shocking*. Il ne l'y a pas mis, mais il l'a mis dans ses lettres.

Une autre fois, c'est la mésaventure d'un ambassadeur étranger qu'il raconte à son petit Guillaume, en écrivant sa lettre sur la table même du conseil. Le général Colettis, un des héros les plus authentiques de la guerre de l'indépendance grecque, était venu le voir. Il se mit à se promener avec un haut fonctionnaire, à l'écart, dans le jardin du ministère. Tous deux s'absorbèrent tellement dans leur conversation, qu'ils ne s'aperçurent point qu'on fermait les portes, les persiennes, les volets, sans songer à eux. Enfin, vers onze heures, ils veulent s'en aller. Ils appellent, ils frappent : peine inutile.. Pas un domestique ; tout est couché. Après des efforts désespérés, il leur fallut grimper sur le petit mur qui longeait le boulevard (on sait que le ministère des affaires étrangères était alors sur le boulevard des Capucines) et là, du milieu des gobéas et des aristoloches, héler les passants, qui durent d'abord les prendre pour des voleurs, et implorer d'eux leur délivrance.

M. Guizot est en commerce réglé de lettres avec ses enfants. En leur racontant de belles histoires et en leur faisant des leçons de morale, il ne néglige pas non plus de leur donner des leçons d'orthographe. Henriette est grondée parce qu'elle ignore absolument l'usage de la virgule, et qu'elle écrit tout d'une traite, sans le moindre signe de repos. Son père lui explique très bien l'usage et la nécessité de la ponctuation. Mais alors, dans le désir de contenter son papa, mademoiselle Henriette fourre des virgules partout, si bien qu'au risque de paraître contrariant, ce papa-ministre est obligé de réprimer un tel excès de zèle et d'expliquer que les virgules sont une bonne chose sans doute, mais qu'il n'y a aucune raison pour les prodiguer ainsi.

A mesure que M. Guizot avance en âge, il semble que le côté affectueux de sa nature se développe de plus en plus. Il était père, il devient grand-père, et le grand-père est absolument le *bon papa* des familles bourgeoises. Seulement, c'est un *bon papa* qui, entre deux caresses, écrit pour sa jeune postérité une *Histoire de France* et une *Histoire d'Angleterre* avec le même soin qu'il met à rédiger ses *Mémoires*, testament de l'homme d'État, et ses *Méditations*, testament du philosophe spiritualiste et du ferme chrétien. Malgré les efforts qu'il fait pour se rapetisser à la taille de ses élèves, on peut trouver sans doute qu'elles sont bien graves et bien austères pour de petits enfants, ces histoires, mais il faut se souvenir que ces petits enfants sont ceux de M. Guizot.

Il assiste à leurs jeux comme il préside à leurs leçons. Il observe leurs ébats, les fait bavarder et sauter sur ses genoux, écoute leurs propos, raconte leurs exploits: « J'aime le spectacle des enfants, disait-il ; il me repose du spectacle des hommes. » Guizot se retrouve et se décèle de temps à autre à ces traits : « *Ab Jove principium*, écrit-il une autre fois à sa seconde fille, qui faisait un voyage en Bretagne ; Jupiter, c'est les enfants. J'en viens. J'ai trouvé Bébé engraissé. « C'est que j'ai mangé ce » matin deux assiettes de soupe. » Nous avons beaucoup de peine, au dessert, à faire aller Robert sur les genoux de tante Adélaïde. Il répète indéfiniment: « *Grand-père* ». — Je ne suis pas bien sûr que M. Guizot fût moins fier de ce triomphe sur tante Adélaïde que des mariages espagnols.

Il y a une certaine histoire (que je regrette bien de ne point parvenir à retrouver) de discussion entre les deux grands frères à qui aime le mieux la petite sœur Jeanne. L'un procède par formules affirmatives et tranchantes. En vain l'autre essaye de protester timidement, son frère l'écrase chaque fois d'un ton qui ne souffre pas de réplique: « Non, c'est moi qui aime le plus Jeanne », et le cadet n'a d'autre ressource que de pleurer amèrement, jusqu'à ce que mademoiselle Jeanne intervienne elle-même avec un profond sentiment d'équité: « Ça n'est pas juste que Robert m'aime plus que Cornélis. » Je défigure cette charmante historiette de famille en la racontant; elle peut néanmoins, telle quelle, vous donner une idée de l'allure aimable et familière de ces lettres intimes.

Avec quel charme on voit ainsi l'homme apparaître sous l'écrivain, sous le grand orateur et le personnage politique qu'on se représente volontiers toujours cuirassé d'orgueil et de dédain, et la rigidité hautaine de l'homme d'État se détendre et s'attendrir en un sourire d'aïeul indulgent !

M. Guizot était aimé comme il aimait ; toutefois le respect, chez les siens, dominait l'affection sans l'éteindre, ni la diminuer, et il en était ainsi de la tendresse qu'il éprouvait lui-même pour sa mère. Lorsque madame Guizot, la deuxième du nom, fut prise de la maladie dont elle devait mourir à la fleur de l'âge, elle trouvait la force de contenir devant lui ses accès de délire, et sentant qu'elle n'allait plus en être maitresse, elle lui criait : « Va-t-en, je ne veux pas que tu m'entendes déraisonner. » Ce trait est caractéristique.

La mort de son fils François lui fit au cœur une plaie inguérissable, qui saignait encore, après bien des années, en sanglots éloquents : « Je ne demande pas à Dieu de me consoler, écrivait-il. Il ne faut pas se consoler. On ne se console que trop ; on n'oublie que trop. »

Deux de ses plus chers amis furent lord Aberdeen et le duc de Broglie. Lord Aberdeen, d'apparence froide et ironique, avait pour lui une affection si profonde qu'en février 1848, pendant que sa belle-fille lui lisait dans un journal la fausse nouvelle de l'arrestation de M. Guizot, il s'évanouit d'émotion. C'est lui qui, vieilli, attristé, ne marchant et ne parlant plus qu'avec peine, dit au ministre exilé cette parole exquise : « Je ne puis plus vous être bon qu'à être votre ami. » Et il le fut jusqu'au bout de la façon la plus rare.

Quant au vieux duc de Broglie, on sait qu'en lui léguant un volume de sa bibliothèque, il écrivit dans son testament : « Je regarde notre longue amitié comme l'un des biens les plus précieux que Dieu m'ait accordés. » Un homme qui a inspiré de tels sentiments à de tels hommes ne devait pas moins valoir par le cœur que par l'esprit.

M. Guizot avait la passion de l'étude et du travail. Il voulait tout approfondir. Cet esprit grave ne pouvait se contenter des notions superficielles qui suffisent à la plupart des hommes et il ne s'aventurait que sur les terrains qu'il connaissait à fond. Il ne ressemblait pas à son brillant émule M. Thiers, qui savait en effet beaucoup de choses, mais qui avait la prétention de tout savoir, et de savoir chaque chose mieux que les spécialistes eux-mêmes.

Un soir de l'année 1846, dans une réception chez M. Guizot, alors président du Conseil, le docteur Bouillaud fut interrogé par M. Thiers sur la fièvre jaune, dont plusieurs cas venaient d'être signalés, disait-on, dans l'ancienne capitale de la Provence. A peine le docteur avait-il expliqué quelques-uns des symptômes du terrible mal, que M. Thiers se récrie, et avec sa petite voix pointue : « Mais pas du tout, mais pas du tout. J'ai beaucoup étudié la fièvre jaune, et jamais je n'ai remarqué ce que vous me dites là. »

Et voilà le pétulant petit homme parti et développant toute une théorie sur la matière. Bouillaud, étonné, l'écoutait, et quand il eut fini :

« Monsieur Thiers, dit-il, vous qui connaissez si bien l'histoire et l'avez si bien écrite, vous souvenez-vous d'un fait que rapporte Tite-Live? Annibal, prisonnier chez Prusias, ayant entendu parler d'un nommé Fabius, qui faisait des leçons sur l'art de la guerre et la tactique militaire, désira le connaître et s'entretenir avec lui. Mais s'apercevant, après cette conversation, qu'il n'avait affaire qu'à un homme d'esprit, il se retira en disant à son entourage : *Multos vidi errare homines, neminem magis quam Fabium.* »

M. Guizot ne put s'empêcher de sourire. Il se rappelait peut-être qu'un jour, invité par M. Thiers à l'accompagner à des expériences de tir, il lui avait donné en d'autres termes une leçon du même genre:

« Excusez-moi, je vous prie, parce que, voyez-vous, ce que je ne sais pas tout à fait, moi, je ne le sais pas du tout. »

Il me semble que ce mot les peint l'un et l'autre. Depuis longtemps, M. Guizot aspirait ardemment au repos. Il y entra, plein d'œuvres et de jours, peu de mois après sa seconde fille : « Enfin ! je serai bientôt dans la lumière ! » Ce fut une de ses dernières paroles. Elle fait songer à celle de Gœthe mourant, mais la sérénité de Gœthe était toute païenne ; l'espérance chrétienne respirait dans celle de M. Guizot. Le poète demandait de la lumière ; l'homme d'État savait qu'il allait en être inondé. Puisqu'il est maintenant dans la lumière, il devrait bien en envoyer un peu à nos ministres. Mais, Dieu merci, je n'ai pas touché à la politique en parlant de M. Guizot, et je ne veux pas perdre à la dernière ligne le mérite de cette heureuse abstention !

JULES JANIN

1ᵉʳ octobre 1873.

Celui qu'on a nommé longtemps le prince des critiques, M. Jules Janin, vient de prendre définitivement sa retraite. Il a cédé à un ancien homme d'État du *Charivari* le fauteuil qui lui servait de trône au *Journal des Débats,* ne voulant pas ressembler plus longtemps à ce confrère auquel on demandait un jour: « Pourquoi n'allez-vous pas voir les pièces dont vous rendez compte? » et qui répondait: « C'est que je ne veux pas être influencé. »

Hélas! l'âge est venu: le sémillant auteur de *l'Ane mort* et des *Gaietés champêtres* sera, l'an prochain, septuagénaire (fi! le vilain mot!); le papillon a pris du ventre; le brillant fantaisiste est de l'Académie; l'éblouissant voltigeur qui dansait sans balancier sur la corde roide du paradoxe et qui pirouettait avec tant de grâce en semant autour de lui ses paillettes et son clinquant, a la goutte aujourd'hui. En homme qui connaît ses classiques, M. Jules Janin s'est souvenu du conseil d'Horace et de Racan :

> Solve senescentem maturè sanus equum...
> Tircis, il faut songer à faire la retraite.

Si M. Jules Janin n'était plus le prince de la critique dramatique, il en était resté le doyen. Il a longtemps honoré la profession littéraire par son talent, son esprit, sa verve et son honnêteté. On a pu lui reprocher des caprices et des inconséquences, jamais un acte vil. En plus d'une circonstance, M. Jules Janin a su maintenir haut et ferme la dignité de la presse. Il convient de ne point laisser partir ce vétéran sans le saluer au passage.

Pourquoi M. Janin n'a-t-il pas persisté quelques mois encore? Il eût pu célébrer sa *cinquantaine* de critique, événement rare dans la profession. Il y aurait eu grande fête ce jour-là dans l'ermitage de Passy, qu'embaument les jasmins et les roses. On eût vu Paul de Saint-Victor, pareil aux dieux; Théodore de Banville, toujours jeune et charmant; Sarcey, le roi des élégances, — *arbiter elegantiarum*, — et tout le bataillon des *lundistes*, s'acheminer processionnellement vers la rue de la Pompe, des bouquets à la main ; puis, après avoir offert le falerne et le cécube à ses visiteurs, l'illustre critique, lâché un moment par la déesse Podagra aux doigts crochus, ouvrir le bal en bon prince, sur la pelouse, avec madame George Sand et madame Claude Vignon.

C'est en 1824, si je ne m'abuse, que M. Janin débuta à *la Lorgnette*, — *la Casquette de loutre* de ce temps-là ; — en 1825 qu'il entra au *Figaro* de M. Nestor Roqueplan, qui depuis... mais alors il était son ami ; et en 1831 qu'il alla prendre aux *Débats* la succession de Duvicquet. Seulement Duvicquet était un tel colosse dans la critique que, lorsqu'il se retira, on partagea son héritage entre plusieurs prétendants. Janin n'en eut d'abord qu'une part, mais il conquit bientôt le reste. Son principal charme était de ne pas plus ressembler à son prédécesseur que la fauvette ne ressemble au vénérable ruminant qu'on attelle à la charrue et dont on fait des biftecks. Après le pédantisme acerbe de Geoffroy, la gravité un peu lourde d'Hoffmann et de Duvicquet, cette jeunesse et cette grâce en sa fleur, où l'érudition même se faisait légère, avaient paru charmantes.

Le nouveau venu mit à la mode la critique buissonnière, la critique en festons et en arabesques, la critique *à côté*. On sait qu'il a tiré de son feuilleton une *Histoire de la littérature dramatique* ; c'est un titre bien solennel, qui attache une étiquette de plomb à une étoffe de gaze. Jamais Jules Janin n'écrivit d'histoire ; il a écrit une chronique spirituelle, aimable et facile, dans ses grâces redondantes et un peu négligées, qui se joue et papillonne à la surface des choses, touchant à tout sans rien approfondir.

Voilà donc quarante-deux ans bien comptés que M. Janin écrit aux *Débats*. A cinquante-deux lundis par an, cela fait un total effrayant de 2,184 feuilletons. Et il n'y ménageait pas la matière, comme on sait. On le payait royalement, en vrai prince de la critique, mais il en donnait pour l'argent. Cent lignes de plus ou de moins ne lui ont jamais rien coûté, et la concision de Tacite n'est point du tout son fait. Je ne me rappelle plus quel est le malhonnête personnage qui avait défini sa manière par cette métaphore risquée : « Il écrit sous lui. » On a dit plus proprement, mais non moins cruellement : « C'est un gros homme dont le menton tombe sur le jabot, le jabot sur le ventre, le ventre sur le feuilleton, et le feuilleton sur tout le monde. » Nestor Roqueplan, qui s'était brouillé avec lui, a trouvé les images les plus abondantes et les plus variées pour caractériser « ce feu d'artifice mouillé, dont les soleils partent à l'aventure », cette plume qui « crache et étoile le papier », cette phrase « incertaine et insoumise qui marche au hasard et semble soustraite à la volonté de l'auteur comme les membres d'un homme malade de la moelle épinière..., grassouillette, pouparde et vieillotte, dont l'enveloppe ne recouvre pas un muscle, pas un ligament, pas une veine. » Il le représente « affublé de dentelles en imitation, secouant avec affectation des falbalas pompeux, enfermé dans ses phrases sans issue et bourdonnant à l'aventure pour en sortir, comme une guêpe contre une vitre. »

On voit suffisamment par ces citations que les roses dont fut semée la carrière de Jules Janin n'ont pas toujours été sans épines. Quelques-unes de ses querelles, avec Balzac, avec Félix Pyat, avec Alexandre Dumas, ont laissé des traces dans l'histoire littéraire, et l'on n'a pas perdu le souvenir de la mordante réplique que lui valut, de la part de Rolle, le critique du *National*, la confidence très intime et très inattendue qu'il avait cru devoir faire au lecteur de son bonheur domestique, en 1841.

« Voici ce qui se dit de toutes parts, écrivait Janin :
« A coup sûr, il va tout au moins nous laisser en repos
» lundi prochain. Depuis tantôt si longtemps que nous
» le voyons revenir chaque lundi de la semaine, rien
» n'a pu le décourager une seule fois. Nous l'avons
» toujours trouvé sur la brèche, tout prêt à faire feu
» sur l'ennemi. Mais aujourd'hui, enfin, aujourd'hui
» qu'il se marie, aujourd'hui qui était la première
» nuit de ses noces, que va-t-il faire ?» Et aussitôt

vous avez pris bravement votre parti, vous vous êtes dit à vous-mêmes : — « *Ma foi, c'est autant de gagné !*
» Nous aurons la suite de quelque belle histoire de
» Frédéric Soulié, ou quelque feuilleton de Berlioz. »

» Puisque enfin il se marie, ce féroce critique, qu'il se repose et reposons-nous. — Ainsi disent-ils. Et cependant le comédien de province se hâte de débuter; le vaudeville se glisse entre deux contrats; le drame se repose sur la mairie; la tragédie, sur l'église. — Hâtons-nous ! hâtons-nous ! s'écrient-ils, le critique n'est plus là qui nous faisait obstacle. Hâtons-nous pour devenir tout de suite des grands hommes et des chefs-d'œuvre illustres. »

Après ce début d'une fatuité pleine de bonhomie, le critique poursuivait sur un ton plus attendri :

« Être seul à admirer, on n'ose pas, on a peur d'aller trop loin, même dans la joie de ses yeux ou de son esprit. Être seul à relever les vices et les fautes de l'artiste, on est souvent impitoyable. On est injuste, parce qu'on n'est pas heureux. Mais soyez deux à la même œuvre, et soudain votre jugement va grandir, votre cœur sera plus équitable, votre justice plus calme, votre enthousiasme mieux senti. Ah ! que de fois, quand mon vieux cœur (de trente-sept ans) se remuait à certains passages des poètes, je me disais : Que n'est-elle là pour l'entendre ! Que de fois quand je sentais des larmes dans mes yeux et dans mon cœur, — des larmes que j'arrêtais parce que tout le monde pouvait les voir, elle exceptée, que de fois me suis-je dit : Si elle était là, émue, attentive et rêveuse, que cette scène me paraîtrait belle ! Oui, mais j'étais seul, et alors, bientôt, à mon insu, la froide analyse prenait le dessus sur l'émotion ; le juge arrivait à l'instant même où le poète allait triompher... J'avais honte de ce beau mouvement d'admiration, je le brisais à plaisir. »

Il se félicitait, en finissant, de toutes les amitiés illustres qui s'étaient, en ce jour de bonheur et de triomphe, groupées autour de lui :

« Les plus nobles mains lui étaient tendues ; les plus rares esprits lui venaient en aide. Les chefs des opinions les plus opposées se rencontraient dans le même salon pour accueillir d'un regard bienveillant la jeune fiancée. Elle alors, tremblante, étonnée et bien heureuse de tant de suffrages partis de si haut, elle regardait timidement autour d'elle ; seulement, de temps en temps, son limpide et chaste regard devenait plus hardi, et il semblait dire : — Vous voyez bien que j'avais raison !

» Ah ! ce soir-là fut une belle heure dans la vie de notre Critique. Il ne savait pas, il ne pouvait pas comprendre d'où lui venaient, et de si haut, tant de vives et admirables sympathies, il se disait qu'il ne les avait pas méritées... Il se disait que c'était un songe. Il ne pouvait croire que tous ces hommes, l'orgueil de la tribune, la toute-puissance de l'Institut de France, l'éclat de la magistrature et du barreau, l'honneur de la presse, la gloire des deux Chambres, la force du gouvernement d'aujourd'hui, la force du gouvernement d'hier, étaient venus tout exprès pour lui! Sa reconnaissance était égale à son étonnement. Par quels écrits, par quel courage, par quels efforts avait-il mérité cet accord unanime? Il le cherchait en vain dans le présent, mais il en trouvait un motif dans l'avenir.

» Oui, certes, c'était loyauté, c'était justice de venir en aide à cet homme qui n'est qu'un écrivain, parce qu'il n'a jamais été autre chose. C'était faire preuve de bon goût de reconnaître, même par un insigne honneur, la petite part d'autorité que prend un homme, quel qu'il soit, lorsqu'il parle avec probité et conviction, du haut d'une tribune respectée. Ceci n'était pas la cause d'un critique isolé, c'était la cause de la presse entière. »

A coup sûr, cet épithalame intempérant qui remplissait les douze colonnes du feuilleton manquait en plus d'un point de tact comme de modestie. Dans le débordement de sa joie, le critique-poète avait agrandi outre mesure l'importance de ce fait domestique, qu'il transformait en une sorte d'événement national et qu'il proclamait *urbi et orbi*, sans se laisser retenir par cette pudeur délicate qui ne permet pas d'associer la foule à nos bonheurs intimes non plus qu'à nos deuils de famille. Il ouvrait lui-même avec fracas la porte du sanctuaire et prenait d'une voix sonore tous les passants à témoin de sa félicité conjugale, au risque de la troubler en s'attirant quelque apostrophe satirique ou quelque commentaire désobligeant. Ce fut ce qui arriva, en effet. Sans se laisser désarmer par la naïveté qui se mêlait à cette exubérante allégresse, ni par l'appel final à la concorde, où Jules Janin s'écriait : « Cessons de nous égorger d'une main violente quand notre père vient de mourir,... quand notre *jeune* enfant vient au monde. Et surtout lorsque nous associons aux tempêtes et aux orages politiques et littéraires quelque honnête jeune fille, calme, sérieuse, bien née,... accordons-nous une trêve de quelques jours, faisons silence », etc. Rolle se chargea de démontrer durement à l'imprudent qu'il eût dû commencer par *faire silence* lui-même :

« Permettez-moi, monsieur, de mêler mes félicitations aux félicitations que vous vous adressez à vous-même. Enfin, vous êtes marié ! Il n'y a plus de *oh !* ni de *comment !* ni de *ah !* qui tienne : il faut que l'univers se remette de sa stupeur et en prenne son parti. Votre feuilleton conjugal, daté de Saint-

Sulpice, vous l'avez intitulé *le Mariage du critique*, et non *le Mariage d'un critique*. Comme un autre a dit : « L'État, c'est moi », vous vous écriez modestement : « La critique, c'est moi ». Grand merci, monsieur ! Il résulte de cette incarnation de l'esprit, du talent et du crédit de tous les critiques en un seul que, depuis huit jours, nous sommes tous mariés en votre personne...

» Voilà un homme bien osé, allez-vous dire, de s'introduire sans façon au milieu de tous ces hommes qui m'ont servi de cortège : *l'orgueil de la tribune, la toute-puissance de l'Institut de France, l'éclat de la magistrature et du barreau, la gloire du gouvernement d'aujourd'hui, la gloire du gouvernement d'autrefois*, etc. ; mais, monsieur, n'est-il pas écrit quelque part que le brin d'herbe et le cèdre sont égaux devant Dieu ?

» Je vous l'avouerai à ma honte : je n'ai connu le grand événement de votre mariage (l'opéra-comique dirait : de votre hymen), je n'ai, dis-je, appris cet événement européen que par le billet de faire part monstre en douze colonnes et à dix sous la ligne que vous avez publié dans le feuilleton du *Journal des Débats*.

» Voyez un peu, monsieur, quel pauvre homme je suis ! C'était partout, et vous le dites vous-même avec cette rare modestie qui vous caractérise, c'était *une stupeur* générale ; on criait un mois à l'avance : il se marie ! il se marie !

> Armorum sonitum toto Germania cœlo
> Audiit ; insolitis tremuerunt motibus Alpes.

» Et moi, monsieur, je n'ai été averti ni par cette stupeur générale, ni par ce cri universel, ni par cet ébranlement inouï de la terre et des cœurs. Il faut que je sois bien aveugle et bien sourd. Je m'en confesse en toute humilité... »

Il continuait ainsi sur ce ton de *rabat-joie* et de *pince sans rire*, rappelant le critique et le mari à la modestie séante, dégonflant à coups d'épingle son dithyrambe exalté, jetant ses épigrammes comme des gouttes d'eau froide sur la chaleur de son expansion conjugale.

Cette verte leçon rendit M. Janin plus circonspect, mais il n'en persista pas moins jusqu'au bout dans l'habitude, qui était l'essence même de sa personnalité littéraire, d'écrire ses feuilletons à côté, en dehors et alentour du sujet, de se dédommager d'une *matière infertile et petite*, en se rejetant, comme Simonide, sur l'éloge de Castor et Pollux, de prendre des sentiers détournés, en respirant la violette et en attrapant des lézards tout le long de ses articles ; enfin, de faire chatoyer au soleil toutes les nuances de son style à la robe couleur du temps, comme celle de Peau d'Ane.

Les ennemis de l'illustre critique ne se sont pas moins égayés aux dépens de ses *distractions* : le homard salué du beau titre de cardinal des mers ; la victoire de Denain attribuée à Catinat ; Louis XI présenté comme le persécuteur d'Abélard ; Smyrne rangée au nombre des îles, etc. C'est lui aussi qui nous a révélé la part prise par Charlemagne à la première croisade et le débarquement de Napoléon Ier, au retour de l'île d'Elbe, sur le champ de bataille de Cannes, si fameux par la victoire d'Annibal. Mais voici peut-être la plus jolie et la moins connue de toutes ces distractions. J'ai sous les yeux les *Fables de La Fontaine*, « avec le commentaire de M. l'abbé Guillon, nouvelle édition, augmentée d'un *Essai sur la vie et les ouvrages de La Fontaine*, par M. Jules Janin » (Delalain, 2 vol. in-12, 1829). L'*Essai* de M. Jules Janin débute par cette phrase monumentale :

« Jean de La Fontaine naquit à Château-Thierry, le 8 juillet 1621, à l'instant même (!) où Mazarin descendait au tombeau (!!) et faisait place au jeune et brillant monarque qui devait donner son nom au dix-septième siècle. »

Pendez-vous, Timothée Trimm ! Avec votre coup d'œil d'aigle, vous n'auriez jamais trouvé ce *rapprochement* merveilleux qui fait tenir dans le même *instant* la naissance de La Fontaine en 1621, avec la mort de Mazarin qui eut lieu juste quarante ans après. Pour un *Essai*, cela n'est vraiment pas mal, et l'on s'écrierait volontiers :

> *Vos* pareils à deux fois ne se font pas connaître
> Et pour leurs coups d'*essai* veulent des coups de maître.

Mais que celui qui est sans péché lui jette la première pierre. Jules Janin n'en avait pas moins beaucoup étudié, surtout beaucoup lu. Il joignait à une grande connaissance de la littérature moderne un amour sincère de la littérature antique, et ses bévues s'expliquent par le plaisir qu'il éprouvait à faire sans cesse l'innocent étalage d'un savoir plus étendu que solide. J'ose souhaiter au successeur de M. Janin, quel qu'il soit, qu'on n'ait rien de plus à lui reprocher au bout de cinquante ans d'exercice, de quatre-vingts volumes, de cinq cents notices, essais, introductions et préfaces, de trois mille feuilletons et de dix mille articles.

1878.

Jules Janin n'a survécu que huit mois à son abdication (20 juin 1874). Une crise de goutte l'a subitement emporté au moment où la mort de sa belle-mère venait de le rendre deux ou trois fois millionnaire et où, échappé d'une attaque récente, il méditait de célébrer son retour à la vie par une traduction en vers de son grand ami Horace. Depuis sa retraite, il avait publié un nouvel ouvrage : *Paris et Versailles il y a cent ans*, demi-histoire et demi-fantaisie, dont la forme et le sujet offrent comme un résumé rapide, un tableau affaibli, mais fidèle, de sa manière, de ses goûts et de ses préférences. On a retrouvé dans ce dernier livre la plupart de ses défauts et quelques-unes de ses qualités : son style irisé et chatoyant, ce papillotage spirituel et précieux, amusant d'abord, fatigant à la longue, qui se dépense dans une narration confuse et décousue, en menus propos, menus tableaux et menues anecdotes ; l'agrément superficiel, l'éternelle jeunesse, l'attrait féminin, les coquetteries négligées, un mélange continu de perles et de strass, d'or et de clinquant, charrié pêle-mêle dans le courant facile de cette phrase élégante et molle, avec l'abondance un peu stérile définie par le poète : « Un déluge de mots sur un désert d'idées. » Dès les premières pages on se heurte à l'un de ces gros anachronismes, écueils de son érudition légère, faite d'une vaste lecture et d'une curiosité enfantine, mais à laquelle manquent, comme à ses idées, comme à son style, la consistance et la solidité. Ce livre souriant et facile n'en garde pas moins çà et là quelque chose du charme et de la séduction dont la plume de M. Janin, dans ses bons jours, magnétisait le lecteur.

Mais si l'on veut connaître Janin, il faut lire surtout ses *OEuvres diverses* et sa *Correspondance* publiées par M. de La Fizelière à la Librairie des bibliophiles, dans les années qui suivirent sa mort.

Un critique morose trouverait peut-être que les *Mélanges et Variétés* sont un peu *mêlés*, en effet, mais ne sont pas suffisamment *variés*. Le style offre quelque monotonie dans sa grâce précieuse et *diffluente*. La fragilité, caractère général des œuvres délicates de Janin, qui font songer à ces biscuits de Sèvres si jolis, mais qu'on ose à peine toucher, apparaît surtout en quelques morceaux d'une érudition et d'une critique également approximatives. Ainsi, l'auteur d'*Une lecture de Candide* nous représente Voltaire, « encore dans toute la vivacité de la jeunesse », venant lire son conte à la favorite alitée, et, plus loin, il ajoute imperturbablement : « Quarante ans plus tard, après que Voltaire, revenu de la cour du roi de Prusse, se fût résolu à dominer son siècle à force d'esprit ; quand il fut porté en triomphe jusqu'à ce Théâtre-Français dont il était l'honneur, alors madame de Pompadour aurait compris ce que c'était que cette royauté du génie que rien n'efface »... Quelles bizarres et surprenantes confusions de dates ! Jules Janin n'a pas songé à vérifier tout d'abord celle de *Candide*, qui lui eût servi de point de repère. *Candide* est de 1759 : à cette date,

Voltaire, né en 1694, était un *jeune homme* de soixante-cinq ans, et quarante ans plus tard, c'est-à-dire en 1799, il y avait si longtemps qu'il avait quitté la cour du roi de Prusse, et même qu'on l'avait non pas porté en triomphe, mais couronné et applaudi à outrance au Théâtre-Français, qu'il était mort depuis vingt et un ans. L'écart est de ceux qu'on peut qualifier de *grand écart*, et il dépasse les licences permises aux fantaisistes.

Il n'y faut jamais regarder de trop près avec l'aimable écrivain. Il en convenait lui-même en ses jours d'humilité, et je trouve à ce sujet, dans sa *Correspondance*, une confession dont la bonhomie désarmerait le plus farouche : « Les choses que je sais le mieux, je les maltraite, et je me trompe au même moment où je suis sûr de mon fait. Que de colères, que d'étonnements et que d'injures m'ont valu mes balourdises! Je ne m'en suis pas encore relevé, et toute ma patience et toutes mes études, et cette prodigieuse lecture à laquelle je me livre et je me suis livré n'ont jamais pu me mettre à l'abri de ces *errata*. »

Pourtant ne croyez pas que je veuille sacrifier sur les autels d'une critique pédante, à cause de quelques *lapsus*, ces pages d'une trame souvent si fine en sa légèreté. Je ne sacrifierais ni les études sur Pétrone et sur Apulée, ou les *Mémoires de Martial*, *écrits par lui-même*, œuvres d'un humaniste qui ne remonta jamais jusqu'à la grande source grecque, qui s'arrêta à mi-côte parmi les Latins, mais qui les aima et les connut bien ; ni tant d'aperçus ingénieux et piquants, tant de jolies variations, cachées parfois sous les titres qui semblent les annoncer le moins. Je ne voudrais pas même retrancher ce *Manifeste de la jeune littérature,* ou plutôt, pour lui donner son vrai titre, ce panégyrique de la littérature facile, qui donne l'exemple en même temps que l'apologie du genre et où il ne dissimule pas du tout que sa réplique au sévère M. Nisard est un plaidoyer *pro domo suâ,* — car, à côté d'un papotage un peu fatigant, on y rencontre plus d'un argument qui, pour être lancé d'une main légère, n'en touche pas moins droit au but.

Mais sa *Correspondance* nous le fait connaître d'une façon plus intime, plus pénétrante et tout à son avantage.

Vous y verrez un Janin bonhomme, serviable, au cœur prompt, à la main ouverte, aimant sa mère, aimant sa femme, aimant Horace, aimant ses amis et les pleurant avec de vraies larmes, comme l'ami Ménière, lorsque la mort les a pris. La lettre où il annonce son mariage à Lamartine explique le feuilleton qui lui fut tant et si cruellement reproché: on comprend qu'il n'ait pu contenir son orgueil et sa joie, lui qui, chaque fois que le nom de sa chère femme revient sous sa plume, retrouve de nouvelles paroles d'admiration et d'amour. Il y a en lui l'expansion de l'enfant heureux et de l'amant satisfait qui conte son bonheur aux étoiles et qui fait ses confidences aux passants.

Çà et là quelque note détonne, un mot violent, grossier même, éclate tout à coup et semble déchirer le tissu délicat de la lettre, comme un coup d'éperon dans un volant de dentelles. Janin a des boutades imprévues et des colères amusantes, trop grosses pour qu'on les prenne au sérieux. Une contradiction ne lui coûte rien. Hier, il faisait l'éloge de Geoffroy dans son feuilleton, il aimait à le compter parmi ses ancêtres, et le lendemain il écrira à Charles Lacretelle : « On ne sait pas quelle douleur on me cause lorsqu'on me rappelle que j'ai pour aïeul ce Geoffroy, ce bandit, ce gredin sans talent, cette créature vénale et vendue, ce pédant qui finissait son feuilleton par l'éloge commandé et soldé du Bonaparte. » Ici, vous croiriez entendre un excellent catholique tout plein de respect et d'adoration ; là, gare au voltairien et au parpaillot ! Voltairien, ce commensal d'Horace le fut toujours un peu ; mais de temps à autre il lui arrive de forcer tout exprès le ton, par exemple lorsqu'il écrit à madame de Gasparin. Il entre dans ces volte-faces quelque chose d'une innocente taquinerie, et aussi, il l'explique lui-même, le respect humain d'un fantaisiste aimable qui craint de paraître hypocrite ou pédant, que le rôle de moraliste effrayerait et qui veut bien se servir de sa plume « pour l'honneur et la défense des vertus publiques », mais à la condition de « rester fidèle à la louange de la belle Hélène », et même à « l'amitié de Lisette ».

Le *vieux bonhomme* du chalet de Passy est peut-être un sage, mais un sage qui n'a rien de stoïque ni d'austère, un sage qui se couronnerait volontiers des roses de son jardin, et qui a gardé un sourire indulgent pour la folie: « O puritaine ! s'écrie-t-il, en se confessant de son faible à madame de Gasparin... Vous seule avez raison, vous marchez dans le droit sentier. » Et voilà précisément ce qu'il ne faut pas lui demander: le masque sévère du puritain jurerait sur ce visage épanoui ! Même en marchant dans le droit chemin, il y va à sa guise, s'arrêtant pour cueillir la noisette, et pour causer avec Jean Lapin ou avec le loup, suivant les hasards de la rencontre. Ces contradictions, ou plutôt ces variations qu'on a toujours passées à Jules Janin, choquent beaucoup moins encore dans ces lettres, feuilles volantes où sa plume de colibri, plus légère que le vent, suit tous les souffles du caprice et de la folle du logis. La muse de Janin est vraiment un oiseau, comme la définissaient les anciens : elle en a le gazouillement et les ailes, qui voltigent toujours.

Pas plus dans sa critique ou dans son érudition que dans ses causeries familières, il ne faut prendre Jules Janin trop à la lettre. Donnez-lui de la marge; n'exigez pas de lui une rectitude géométrique : sa manière d'aller d'un point à un autre est d'y aller en zigzags. Sa pensée a, comme son style, un miroitement et un remous perpétuels. Je dirais qu'il faut le prendre dans ses grandes lignes, s'il avait de grandes lignes. En son ensemble, Jules Janin fut un honnête et loyal écrivain, qui mérita, malgré sa frivolité apparente, et quoique bien tendre à la tentation, l'amitié et l'estime de *puritains* comme ceux dont on rencontre avec un certain étonnement les noms dans cette correspondance, depuis M. Guizot jusqu'à M. de Falloux. Il fut un brave homme, de même que, en dépit de la goutte, sa cruelle ennemie, il fut un homme heureux. Savez-vous beaucoup de vies plus paisibles, plus riantes et plus honorées que celle de cet ermite épicurien entre sa femme, ses livres et ses fleurs, dans cette petite maison de Socrate, pleine de vrais amis ? Il a beau faire de temps en temps la grosse voix : ses colères ne sont pas sans sourire, pas plus que ses chagrins sans consolation. Il n'eut guère d'indignation véhémente et durable que contre l'empire, dont il parle, à diverses reprises, avec une véritable explosion de mépris; et il n'éprouva guère d'amertume sérieuse et profonde que lors de son premier échec académique, circonstance où il se laisse entraîner contre son concurrent, — un galant homme et un excellent poète, — à des injustices qu'il eût certainement désavouées de sang-froid.

Ne nous arrêtons pas à quelques lignes fâcheuses, sur lesquelles on voudrait souffler et qui s'envoleraient peut-être, tant elles sont légères. Combien de passages exquis, ailés, où son cœur a tant d'esprit, où son esprit a tant de cœur! C'est du Janin de la comète. Pour ces heureuses rencontres de sa longue improvisation, comme pour son désintéressement, sa probité et son constant amour des lettres, il faut pardonner beaucoup à M. Jules Janin. On pourrait extraire de son œuvre prolixe quelques centaines de pages qui se savoureraient comme un élixir. Sous les paillettes et le clinquant dont elles sont mélangées, il a semé dans ses feuilletons assez de perles fines pour faire la fortune de dix lapidaires. Un rayon de soleil qui se joue entre deux branches, un souffle de brise parfumée, un chant d'oiseau, le gazouillement d'un ruisseau qui clapote et babille en roulant des feuilles de rose; moins que cela: une goutte de rosée qui tremble à la pointe d'une fleur et que le papillon boit en passant, toutes ces comparaisons printanières rendent à peine l'éclat éphémère et la fraîcheur fugitive qui se dégagent de ces fragiles et chatoyants pastels. Ce n'est rien, mais le gourmet s'y délecte et oublie tout le reste en faveur de ces bonnes fortunes. Qu'on me pardonne la diversité et l'incohérence de ces métaphores où j'essaie de peindre cet écrivain ondoyant, plus souple, plus changeant, plus décevant, plus fécond en métamorphoses que le Protée de la Fable.

Somme toute, en tirant le voile sur quelques faiblesses, la carrière du critique des *Débats* est de celles qui honorent la littérature. Il y fut toujours fidèle et s'appliqua jusqu'à la fin à rester un écrivain élégant et choisi. Il a jeté un grand éclat sur le journalisme littéraire. Il a une physionomie bien à lui. Son avènement marque une époque dans la critique. La pétulance aimable et le spirituel laisser-aller de cet enfant gâté de la plume avaient presque désarmé jadis l'auteur même du *Manifeste contre la littérature facile*. Et qui oserait se montrer plus sévère que le rigide M. Nisard?

Jules Janin a retrouvé après sa mort quelque chose de ce bonheur proverbial dont il portait l'expression sur sa face souriante et largement épanouie. On l'a gâté, défunt, comme on le gâtait, vivant. La critique et la chronique ont fait un grand bruit d'anecdotes, de souvenirs, de descriptions complaisantes, autour de la vente de sa bibliothèque, et les amateurs sont accourus pour se disputer, à coups d'enchères, cette brillante collection qu'il avait formée à son image.

La bibliothèque de Jules Janin n'était guère moins connue que son maître. Il lui avait réservé, dans son chalet de Passy, une salle qu'égayaient à l'envi les chants des oiseaux, les parfums des fleurs et les rayons de soleil entrant de toutes parts. Il n'est guère d'écrivain qui n'ait vu au moins une fois, dans ce cadre lumineux et riant, assis sur le fauteuil de cuir où était mort Béranger et que lui avait légué le chansonnier, ce prince du feuilleton qui ressemblait un peu au roi d'Yvetot. Dans les dernières années de sa vie, on le trouvait tous les jours et tout le jour, comme il aimait à le dire. Il avait l'accueil hospitalier et cordial, le rire sonore, le cœur ouvert, la main facilement tendue, la conversation colorée, abondante en traits gaulois, en citations latines et aussi en jurons français. Les livres apparaissaient dans un beau corps de bibliothèque, avec d'élégantes et riches reliures qui charmaient l'œil tout d'abord ; et, si on les ouvrait, les vignettes, les grandes marges, le papier, l'impression continuaient la séduction commencée. On connaissait sa passion pour les beaux livres, et ses amis la flattaient à l'envi, ses justiciables aussi, éditeurs ou écrivains. Le meilleur moyen de se concilier la bienveillance un peu capricieuse du critique influent était de lui envoyer un exemplaire de choix, tiré sur papier de Hollande ou de Chine, sur vélin, sur papier rose, bleu ou jonquille, car son goût n'était pas dépourvu d'une sorte d'aimable enfantillage.

Comment n'eût-il pas été le bienvenu, l'auteur qui se présentait à son juge en si pimpant équipage, tout habillé de neuf par Duru, Capé ou Bauzonnet? On peut dire que le plus clair de la bibliothèque de Janin provenait de cadeaux, mais qui n'étaient pas tous intéressés. Madame de Gasparin lui envoyait une belle Bible protestante; madame Hélène Fould une *Histoire du vieux et du nouveau Testament*, en deux volumes in-folio enrichis de quatre cents figures, publiée chez Pierre Mortier, l'an 1700; Ponsard, — Catulle, Tibulle et Properce, première édition aldine, avec cette suscription : « De la part de Catulle, de Tibulle et de Properce à l'ami d'Horace, hommage confraternel », et Roger de Beauvoir, le *Caton* de Cicéron, *ex typis Barbou*, 1758, avec le quatrain suivant :

> A toi cet orateur romain,
> Philosophe au brillant plumage;
> Accepte Caton de ma main :
> C'est un fou qui te donne un sage.

Le bibliophile Jacob, qui fut, avec Charles Nodier, Aimé Martin, Pixérécourt, l'un de ses premiers initiateurs, lui faisait cadeau, pour stimuler son ardeur naissante, du *Démon travesti, découvert et confus*, et du *Faut mourir*, par M. Jacques-Jacques; mademoiselle Rachel, d'un manuscrit donnant jour par jour, dans des tableaux admirablement calligraphiés, les ouvrages représentés à la Comédie-Française avec le concours de la grande tragédienne depuis son début jusqu'en 1855, et le chiffre des recettes. Madame Doche lui adressait une édition originale de Ronsard : « offert à J. Janin par la *Dame aux camélias* »; la reine Marie-Amélie, un exemplaire non rogné de la précieuse édition du Regnier-Elzévir (1652), et un superbe exemplaire des *Marguerites de la Marguerite des princesses*, provenant de la bibliothèque du duc d'Aumale, — un livre qui s'est vendu 1,050 francs à la vente Solar, et qui est monté à 2,800 à la vente Janin; enfin, car il faut se borner, et nous voulons finir par cet exemple, qui n'est pas le moins étonnant de tous, mademoiselle Suzanne Lagier lui donnait un *Plautus*, in-4°, sorti des presses d'Alde en 1572, en écrivant sur la garde : *Ex munificentia equidem nostra, anno J.-C. 1847*. On voit que princes et journalistes, reines et comédiennes s'accordaient à gâter Janin.

Les éditeurs Ladvocat, Urbain Canel, Gosselin,

Jouaust, Plon, Didot tiraient pour lui des exemplaires uniques, qu'ils venaient suspendre en exvoto dans sa chapelle. Les auteurs s'ingéniaient de leur côté ; mais si nous voulions aborder le chapitre des offrandes d'auteurs, le défilé ne finirait pas. Nous noterons seulement trois ou quatre cas qui sortent du commun. D'abord un drame de M. Adolphe Dumas, en tête duquel le poète a écrit une quarantaine de vers, suivis de cette note :

> Janin, cette année-là, était le plus heureux des hommes, et il le méritait bien, car il était le meilleur des hommes. Il eut pour moi un duel à l'épée, une bataille rangée à la plume, et me fit une pension de 2,000 francs.

Les œuvres de Victor Hugo, enrichies de dessins originaux, de portraits, de lettres, de variantes autographes et de dédicaces comme celle-ci :

> A celui qui, comme poète et comme ami, est inépuisable,
> A la plume vaillante et ailée,
> Au noble cœur qui comprend et qui célèbre la victoire des vaincus,
> A l'homme qui, depuis trente ans, est un des éblouissements de Paris,
>   A JULES JANIN

Sur l'*Invitation à la valse*, manuscrit autographe, Dumas père a écrit à la dernière page : « Non corrigé, et tel qu'il doit être offert à un bibliophile, pour lequel les fautes sont des preuves d'authenticité ». Le manuscrit du *Père prodigue*, d'Alexandre

Dumas fils, « le dernier survivant de sept », dit une note de l'auteur, s'est vendu 325 francs, — un peu moins que *l'Honneur et l'argent*, de Ponsard, dont le manuscrit a atteint 400 francs, tandis que ses *OEuvres complètes* en 2 volumes, exemplaire sur grand papier de Hollande, relié par Trautz-Bauzonnet, avec une pièce autographe de quarante vers, montaient à 1,000 francs, — ceci soit dit à la louange de la littérature classique. Citons enfin les manuscrits des *Petits hommes* et des *Petites femmes* de M. Louis Ratisbonne, dont les soixante dessins originaux de M. Édouard de Beaumont ont élevé le prix à 750 francs.

M. Louis Ratisbonne était l'un des assidus visiteurs du chalet de Passy; il a écrit la notice qui ouvre le catalogue de sa bibliothèque. Ponsard, qu'il avait mis en lumière, s'en était venu mourir chez lui. Mais il n'avait pas toujours été l'ami d'Alexandre Dumas, ni de Victor Hugo, non plus que de mademoiselle Rachel : « Mademoiselle Rachel, disait jadis un admirateur d'Hermione, a été mauvaise dans cent cinquante feuilletons de M. Jules Janin, pour avoir oublié de lui donner des bonbons le jour de sa fête. » A la suite des *Demoiselles de Saint-Cyr*, que Dumas avait fait jouer en 1843 à la Comédie-Française, il s'était engagé entre le dramaturge et le critique une grande bataille qui ne présageait guère leur liaison future. Janin avait exécuté dans son feuilleton la pièce et l'auteur. Dumas répondit en relevant les bévues de son adversaire, en le traitant d'ignorant, de Fréron (ce qu'il croyait une grosse injure), d'homme qui mord tout le monde. La polémique alla si loin qu'elle aboutit même à un duel, qui a laissé des souvenir homériques dans l'histoire des combats singuliers. Les adversaires ne parlaient de rien moins que de s'exterminer et de s'anéantir. Ces deux vaillants sortirent pourtant sains et saufs de la terrible rencontre qui devait faire pâlir celle de Roland et d'Olivier, et ils se tendirent la main ; on assure même que ce fut avant de s'être battus, tant chacun d'eux, au moment décisif, craignit de priver la littérature française d'une de ses gloires ! Ils avaient l'amitié aussi facile l'un que l'autre, et à partir de ce grand jour, ils se tutoyèrent.

« Ne pouvant mordre notre grand poète dans le *Journal des Débats,* écrivait Dumas, vous avez été l'attendre dans quelque feuilleton obscur de quelque journal ignoré, pour le mordillonner lorsqu'il passait, espérant que, s'il ne mourait pas de la blessure, il mourrait du venin. » Ce n'est pas seulement dans un journal ignoré que le critique avait mordillonné M. Victor Hugo. Ouvrez le *Dictionnaire de la Conversation ;* vous y lirez, dans une notice signée Jules

Janin, des phrases comme celle-ci : « M. Hugo est de bonne heure un novateur pédant et entêté... Qui de nous n'a été affligé par la préface de cette longue tragédie de *Cromwell*, où M. Victor Hugo se mettait sans façon à la place de Racine et du vieux Corneille? Il se nommait de son plein droit le chef d'une secte qu'il annonçait devoir remplacer tout à fait le xviie siècle, la grande époque de la vérité, du talent et du génie. M. Victor Hugo démolissait tout notre passé poétique en vrai jeune homme et, qui plus est, il démolissait Racine comme un homme qui ne comprend pas Shakespeare... *Cromwell* a été enterré sous la préface et ne s'en est pas relevé depuis... Sa tragédie d'*Hernani* était longue, invraisemblable, mal arrangée ; le dénouement en était impossible. Et pourtant *Hernani* est encore le meilleur drame de Victor Hugo. Tout ce qu'il a fait depuis pour le théâtre nous paraît chose misérable... Comme dramaturge, M. Victor Hugo est bien loin, mais bien loin de Victor Ducange et de Guilbert de Pixérécourt. A force d'imiter Shakespeare, dont il n'a jamais connu la portée poétique, M. Victor Hugo nous a tout à fait rejetés dans l'enfance de l'art. »

Mais ce n'est pas une contradiction de plus qui a jamais effrayé Jules Janin. Sa critique au jour le jour, légère comme l'oiseau, allait où elle était poussée par la fantaisie, cédant à tous les souffles et ne relevant que de son caprice. Puis, avec la générosité qui était le fond de sa nature, il a toujours eu un faible pour les vaincus. Lorsque Victor Hugo fut exilé, Jules Janin lui envoya, dans son feuilleton des *Débats* et son *Histoire de la littérature dramatique*, un chaleureux hommage, auquel répondit la voix de Jersey :

> Merci, toi dont le cœur aima, sentit, comprit !
> Merci, devin ! merci, frère, poète, esprit,
> Qui viens chanter cet hymne à côté de ma vie !...
> Tu changes en blancheur la nuit de ma géhenne,
> Et tu fais un autel de lumière inondé
> Du tas de pierres noir dont on m'a lapidé...
> Le ciel s'est éclairci sur mon île sonore
> Et ton livre, en venant, a fait venir l'aurore.

Voyez que de choses il peut tenir dans un catalogue ! Et il faut arrêter les souvenirs que nous suggère à chaque pas celui-ci. Dans sa partie moderne, qui est la plus importante, c'est comme une revue, incomplète sans doute et irrégulière, mais pleine de rencontres imprévues et piquantes, de la littérature et des écrivains depuis quarante ans. On dit quelquefois : « Ennuyeux et aride comme un catalogue. » Quelle erreur ! Un catalogue bien fait, comme celui où M. Labitte a dressé l'inventaire vivant de cette bibliothèque, en le rehaussant de notes qui prennent la fleur de chaque article, je ne sais rien de plus amusant, rien de plus varié ! A chaque ligne une idée s'éveille et une figure se lève. Celui-ci restera dans les archives des amateurs. J'y dois signaler pourtant une bévue analogue à celles de ces bibliographes qui ont rangé le *Pastor fido* de Guarini parmi les ouvrages ecclésiastiques ; la *Sauce au verjus*, pamphlet contre M. de Verjus, ambassadeur de France, avec les livres de cuisine, et l'opuscule en vers de Pierre Gringore contre la papauté : la *Chasse du cerf des cerfs,* — allusion épigrammique au *servus servorum Dei,* — au nombre des traités de vénerie. Le libraire, trompé par le titre, a classé sous l'étiquette *Jurisprudence* le *Plaidoyer pour ma maison*, de l'acteur Tisserant, qui est une apologie du théâtre sous un titre suggéré par Jules Janin lui-même, grand latiniste et grand cicéronien.

La voilà donc dispersée maintenant à tous les points de l'horizon, cette bibliothèque amassée avec tant d'amour et pour laquelle son maître rêvait l'immortalité ! L'intention formelle de Jules Janin était qu'elle fût léguée à un corps savant ou à un établissement public. Sa veuve l'offrit d'abord à l'Académie, qui dut décliner poliment le don à cause des conditions onéreuses qu'y mettait la piété conjugale de la donatrice. L'Institut l'avait refusée ; la ville natale du critique, Saint-Étienne, ne put l'obtenir. Eh ! qu'auraient fait, je vous le demande, tous ces poètes imprimés sur papier rose et magnifique ment habillés de maroquin rouge ou de cuir de Russie, dans ce royaume de la houille, dans cette capitale des hauts fourneaux? Puis ce fut la Bibliothèque de l'Arsenal qui devait s'annexer cette attrayante collection, en lui faisant les honneurs d'une salle particulière, où l'on eût réuni aux livres les tableaux, les bustes et les médailles. La veuve, bientôt surprise elle-même par la mort, n'a pas eu le temps d'assurer l'exécution de sa volonté, et finalement les 1,376 numéros du catalogue ont ajouté un peu plus de 80,000 francs à la riche succession de madame Janin.

H. RIGAULT — A. DE BOISSIEU
PRÉVOST-PARADOL

3 septembre 1876.

Hier, en revenant de Trouville, je me suis arrêté à Évreux, et l'idée m'est venue de faire un pèlerinage à la tombe de Jules Janin. Partout où je passe j'aime à visiter les cimetières, et j'y fais souvent les découvertes les plus imprévues. J'y rencontre, dans un coin obscur, quelque nom glorieux, quelque tombe ignorée où est venue se perdre, comme le Rhin dans les sables, telle illustration tout à coup disparue.

Si vous avez voyagé sur la ligne de Cherbourg, vous connaissez la position ravissante du chef-lieu de l'Eure. De la fenêtre du wagon, l'œil embrasse la ville entière, paisiblement épandue dans la belle vallée de l'Iton, entourée d'une ceinture de coteaux boisés, toute fleurissante et toute verdissante. Les maisons semblent se grouper pour le plaisir des yeux. Sans le beffroi octogone de l'ancien hôtel de ville et la flèche ajourée du cardinal La Balue, qui jaillit au-dessus de la cathédrale, on la prendrait pour un grand village du pays d'Arcadie, et l'on éprouve l'envie de s'y reposer, comme, dans le poème du Tasse, Herminie au vallon des bergers.

Il faut traverser la ville presque complètement pour gagner le cimetière, — un vrai cimetière de campagne, digne d'être chanté par Gray. Il était ouvert ; deux fossoyeurs y creusaient un caveau funèbre. Après quelques recherches vaines à travers les modestes monuments, j'interrogeai un vieillard qui nettoyait les allées. Il secoua la tête :

— Jules Janin, dit-il. Qu'est-ce qu'il faisait ?

— Il faisait des livres.

— Des livres, reprit le bonhomme... Nous avons M. Leclerc, qui en vend.

— Et vous, dis-je à un fossoyeur appuyé sur sa bêche à quelques pas de là, pourriez-vous m'indiquer la tombe de Janin ?

— Janin !... Attendez donc.

Il réfléchit quelques secondes, puis me fit signe de le suivre :

— Voilà, dit-il en écartant les couronnes pour dégager la pierre.

Je me penchai et je lus :

« Ici gît Nicolas Janin, notaire. »...

Ce que c'est que la gloire ! Écrivez donc cent volumes ! Soyez, pendant un demi-siècle, l'ornement du journalisme, l'arbitre de la réputation et l'entretien de tous les lettrés pour que, dans le cimetière de petite ville où votre nom devrait rayonner comme un astre, — un astre éteint, hélas ! — les fossoyeurs vous ignorent et conduisent le pèlerin qui demande votre tombe à celle d'un notaire !

Enfin, l'autre fossoyeur me guida au monument de Jules Janin. Il s'élève au fond du cimetière, à droite, dans la partie aristocratique consacrée aux concessions à perpétuité. C'est une grande pierre tombale, d'un aspect sévère, exhaussée sur un piédestal et flanquée aux quatre angles d'urnes que drapent des voiles de deuil. Le buste de Jules Janin le domine. Je crois me souvenir d'avoir aperçu jadis, dans le chalet de Passy, ce buste en bronze, signé Delafontaine, qui rend bien les traits, sinon la physionomie expressive et mobile du célèbre critique, et qui le représente dans le négligé de son costume intime, cravaté à la diable et boutonné de travers, — tenue qui m'a semblé peu décente sur un tombeau. Des couronnes et des bouquets de fleurs recouvrent le monument, où madame Janin est venue depuis quelques mois rejoindre son mari. Deux inscriptions s'y lisent sur deux plaques de marbre ; à l'avant : *Famille Huet* ; à l'arrière, au-dessous du buste : *Jules Janin*.

Voilà où dort son dernier sommeil, loin des théâtres, loin des boulevards, loin du bruit, dans un cimetière presque agreste, l'auteur de *l'Ane mort*, le « prince de la critique » !

En me retournant pour m'éloigner, je me suis trouvé devant un autre monument, d'un style également sévère et simple, que domine une grande croix de pierre. Un nom frappe mes yeux : H. RIGAULT. Quelle réunion imprévue dans la mort ! Je m'approche et lis l'inscription :

37 ANS

21 DÉCEMBRE 1858

Voilà tout, et c'est bien lui ! — Trente-sept ans ! Se rappelle-t-on aujourd'hui encore l'effet que produisit ce coup foudroyant, dans toute la fleur de l'âge, dans tout l'épanouissement des plus légitimes et des plus magnifiques espérances ? Jamais la mort, en ses jeux cruels, ne prit plaisir à arrêter tout à coup plus brillante et plus féconde carrière ! Rigault pouvait tout espérer et il espérait tout. *Quò non ascendam?* se disait dans le fond de son cœur, en reprenant la devise du surintendant Fouquet, cet enfant gâté de la fortune à qui sa bienvenue au jour riait dans tous les yeux. Qu'il avait de finesse et de grâce, — la grâce d'un chat, égoïste peut-être dans sa caressante souplesse, mais si aimable, si soyeux et si doux, tant qu'on ne l'agace pas ! On pouvait avoir plus de génie qu'Hippolyte Rigault, on ne pouvait avoir plus d'esprit, du plus rare et du plus exquis. Aux *Débats*, dans sa chaire de Louis-le-Grand ou du Collège de France, dans un salon, partout, il charmait. Il était de ceux dont on dit qu'ils sont nés académiciens.

Pauvre Rigault ! Il y a dix-huit ans de cela, déjà dix-huit ans, et je m'en souviens comme si c'était d'hier. Il avait été mon professeur. Il me semble l'entendre encore, dans son cours de Sainte-Barbe, épluchant nos discours français et nos vers latins avec toute sorte de piquantes citations et de fines remarques, d'une voix un peu précieuse qui contrastait avec sa taille courte, sa figure ronde et assez insignifiante, mais éclairée d'un œil malicieux. Il lisait dans la perfection : il eût donné des leçons à un comédien, au plus beau diseur du Théâtre-Français. On l'écoutait comme on mange du gâteau. Il se prodiguait à sa façon, par petites bouchées, — des bouchées à la reine, — devant des adolescents dont il se sentait goûté dans toutes les nuances de sa conversation ingénieuse et polie, et qui buvaient ses paroles, comme l'abeille boit la rosée tout embaumée du parfum des roses. Elle se plaisait à nous séduire, cette sirène universitaire, nous autres, nourrissons de l'*alma parens*, qui pouvions quelque jour devenir les hérauts de sa gloire. Et d'ailleurs Hippolyte Rigault ressemblait à ces jolies femmes pour qui l'hommage même d'un porteur d'eau n'est pas à dédaigner.

On a réuni en quatre gros volumes ses œuvres complètes; c'était beaucoup : il y a là trop de fleurs universitaires, et par les sujets traités, par le genre d'agréments qu'ils comportent et dont les initiés seuls peuvent goûter toute la saveur, ces volumes rappellent parfois, de loin, le jardin des racines grecques. Vous les trouverez au rabais chez les bouquinistes. Mais il restera de lui, comme une liqueur fine dans un flacon délicatement ciselé, ce petit livre charmant des *Conversations morales et littéraires*, modèle de bon sens piquant, d'élégant badinage et d'enjouement attique. Rigault avait surtout les dons du causeur. Il eût suspendu à ses lèvres tous les habitués de l'Hôtel Rambouillet, et les chroniqueurs qui veulent apprendre à parler aux *honnêtes gens*, comme on disait au dix-septième siècle, devraient le relire de temps à autre.

Hélas ! quelles fins tragiques ont ces heureux à qui tout a souri d'abord et que tous envient! Quelle moisson de jeunes ombres, parées de toutes les grâces de l'esprit, et sur le front desquelles se sont flétris, au moment où ils s'ouvraient pour s'épanouir, les boutons de rose de l'espérance! J'en ai connu trois : Rigault, Prévost-Paradol, Arthur de Boissieu.

ce Paradol légitimiste, qui disparut plus rapidement encore et qui avait intitulé ses brillantes causeries les *Lettres d'un passant*, comme s'il eût pressenti qu'il passerait si vite.

D'autres ont laissé une œuvre plus considérable et un nom plus éclatant qu'Arthur de Boissieu; mais comment ne pas saluer d'un adieu particulièrement attristé le brusque dénoûment d'une destinée si brillante, tranchée dans sa fleur avant d'avoir pu donner les fruits qu'elle promettait? Mourir à trente-huit ans, au milieu de toutes les conditions de bonheur que peuvent assurer la famille, l'amitié, la fortune, dans l'ivresse d'une renommée grandissante, quelle application plus frappante du *coup de foudre dans un ciel serein*?

> Est-ce un rêve? mais il me semble
> Que vous me dites de venir...

s'écriait Arthur de Boissieu dans sa pièce sur le *Jour des morts*, une des nombreuses *Poésies du passant* où le pressentiment funèbre semble avoir traversé son âme,

> J'irai vers vous, ô mes fidèles :
> Où volent les ailes de feu,
> Où vont les âmes immortelles,
> Vers le ciel, la lumière et Dieu;
>
> Où, sans orages et sans ombre,
> Les jours rayonnent de clarté;
> Parmi les moissonneurs sans nombre
> De l'immobile éternité!

Qui ne se rappelle le succès rapide et populaire — populaire dans le monde lettré — des feuilletons donnés par Arthur de Boissieu à la *Gazette de France?* Il avait préludé aux *Lettres d'un passant* par les *Lettres de Colombine*, publiées dans *le Figaro*, dont on s'est obstiné vainement à lui refuser la paternité. S'il n'en était pas l'auteur, il faut admettre, tout au moins, qu'il en fut le secrétaire très actif, un de ces secrétaires qui écrivent les ouvrages de leurs patrons. En un domaine plus étroit et avec une allure plus féminine, qu'expliquent à la fois la nature des sujets traités et le choix de la signature, les *Lettres de Colombine* étaient déjà les *Lettres d'un passant*.

Quoi qu'il en soit, toute sa carrière, toute son œuvre tiennent et peuvent se résumer dans ces dernières, où, pendant près de dix années, il a écrit d'une plume si alerte, si étincelante, si vive et si fine, en dilettante de l'histoire, en virtuose de l'observation et en tirailleur de la politique, les mémoires de notre temps. Ce n'était ni de la politique, ni de l'histoire, ni de l'observation pure, ni l'œuvre d'un critique, ni celle d'un moraliste, ni même tout à fait celle d'un chroniqueur, mais un peu de tout cela, et par-dessus tout une œuvre d'une fantaisie charmante, d'une inspiration originale et d'un caractère entièrement personnel. Il n'imita personne, et beaucoup l'ont imité. Il avait un art, parfois trop visible,

dont il semblait facile de se rendre compte, mais qui
n'en était pas moins bien à lui et à lui seul ; il
avait même des défauts, qui encourageaient les
copistes en leur fournissant un point d'appui : un
peu de recherche et de procédé, l'abus de la symétrie et de l'antithèse, une certaine monotonie, à la
longue, jusque dans l'ingénieuse variété des tours.
Mais, à côté de ces légères taches, qui disparaissaient
dès qu'une émotion profonde pénétrait son style, et
dont il se fût dégagé de plus en plus à mesure que
la gravité de l'âge et des événements eût élargi sa
manière, en agrandissant ses vues et en affermissant
son jugement, que de qualités exquises, quelle grâce,
quelle élégance, quelle justesse pénétrante dans le
portrait, quelle malice dans l'ironie, quelle piquante
dextérité dans l'épigramme, quelle délicatesse, parfois
même quelle éloquence dans le sentiment, quelle alliance étroite et charmante entre le mot et l'idée, se
faisant valoir l'un l'autre ! Distingué dans ses négligences, gentilhomme en ses familiarités, courtois dans
ses exécutions les plus sanglantes, toujours de bonne
compagnie, même en ses audaces les plus risquées,
il s'était fait un style très français et très parisien à
la fois — vrai régal de gourmet, surtout lorsqu'il était
savouré à petites doses — où le lyrisme s'alliait à l'ironie, où l'émotion souriait, où la pensée revêtait *naturellement* la forme la plus rare et la plus précieuse.

7.

Jamais archer crétois ne décocha traits plus sûrs et plus acérés; ses ennemis se sentaient si bien touchés qu'ils ne réclamaient pas, et souvent la victime elle-même oubliait la blessure pour admirer l'adresse de la main qui l'avait faite. Entre Rochefort et Prévost Paradol, il avait conquis sa place, à égale distance des violences de l'un et des sous-entendus de l'autre, plus fin et plus délicat que le premier; moins discret, plus accentué que le second, surtout plus convaincu que tous deux. Les croyances royalistes de M. de Boissieu n'avaient jamais fléchi et la sincérité connue de ses opinions faisait pardonner à leur ardeur; son caractère lui avait créé des sympathies partout, malgré les périls du genre satirique.

Hippolyte Rigault est mort à trente-sept ans; Boissieu à trente-huit; Prévost-Paradol les a un peu dépassés l'un et l'autre, mais il n'avait pas encore accompli sa quarante et unième année quand, « lassé de tout, même de l'espérance », il chercha dans la mort un refuge contre une vie dont il ne voyait que les déboires, tandis que le public n'en voyait que les succès, et qui excitait son dégoût jusqu'à la nausée, suivant son expression, au moment où elle semblait à tout le monde le plus digne d'envie.

Prévost-Paradol restera comme le type des écrivains du second empire : il était né, il est mort avec lui. Ce fut le produit particulier et le plus éclatant d'une situation exceptionnelle, une fleur brillante éclose dans la serre de la législation de 1852. C'est dans l'arsenal des ennemis de la presse qu'il trouva son armure, et dans leur laboratoire qu'il forgea, pour la défense et le triomphe du journal, cette fine lame d'acier souple et froid, qui pliait quelquefois et ne rompait jamais. Son meilleur titre de gloire, son originalité et sa force, sont d'avoir su faire sortir d'un régime nouveau les lois d'une stratégie nouvelle. Polémiste élégant et ingénieux, habile à lutter en rompant et à se dérober en lançant la flèche du Parthe, expert dans toutes les feintes de l'escrime, d'un jeu souple, terrible et plein de grâce, toujours maître de lui, et se battant sur le terrain comme dans une salle d'armes, même lorsqu'il n'avait qu'une épingle pour épée, il criblait le puissant adversaire de blessures pareilles à celles dont le *banderillero* du cirque crible le taureau furieux. On voyait tout à coup voltiger et s'abattre l'éclair du fleuret : une goutte de sang, un salut — et la main gantée se remettait en garde !

M. Prévost-Paradol était venu s'asseoir dans le cénacle des maîtres à l'âge où l'on compte encore parmi les élèves. Ravis par sa jeune vaillance, comme ces vieillards de Troie dont le cœur s'émouvait au passage de la belle Hélène, les immortels lui avaient voté avant l'heure un fauteuil d'honneur, non comme un lit de repos, mais comme un siège de combat.

Son successeur à l'Académie, M. Camille Rousset, a salué en Paradol, par un mot très heureux, mais plus heureux que juste, « la première victime de la guerre ». C'est honorer sa mort d'un hommage qui ne lui est pas dû. M. Prévost-Paradol ne fut pas victime de la guerre; il fut la victime d'une situation fausse, et surtout d'une mollesse et d'une inconsistance de principes qui étaient le côté faible de cette brillante nature. Il s'est brisé la tête contre le mur de l'impasse au fond de laquelle l'avait précipité la première démarche inconsidérée de sa vie.

Parvenu à quarante ans sans avoir pu satisfaire ses ambitions et ses aptitudes, éprouvant la fatigue et l'ennui des stériles triomphes de sa plume, se sentant dépaysé sur un nouveau terrain où le genre inauguré par lui ne pouvait plus trouver sa place, et n'avait plus ni son intérêt, ni même sa raison d'être; voyant les demi-mots, les allusions fines, l'agilité de l'esprit parisien, les clins d'œil à la dérobée, les compliments à double entente, l'égratignure à fleur de peau, l'ironie aux airs ingénus et le sourire aux dents aiguisées, l'art de souligner les virgules, de rendre les éphémérides éloquentes et de faire parler le silence même, étouffés par le crescendo brutal de la polémique à coups de poings et à coups de pieds des dernières années de l'empire, — enfin, pour tout dire d'un mot, les *Débats* supplantés par *la Marseillaise*, et lui-même remplacé par Rochefort; découragé par ses échecs répétés toutes les fois qu'il avait voulu pénétrer dans la vie publique par la porte du suffrage universel; n'ayant point, pour se garder, les inflexibles barrières où les hommes de foi s'enferment comme dans une forteresse, il se laissa aller à la première occasion propice d'entrer enfin dans l'action, en se rattachant à un régime qu'il semblait avoir converti, et qui venait vers lui. Dans la lune de miel du 2 janvier, cette tentation fut offerte à bien d'autres, qui en ont été troublés peut-être, mais qui n'y cédèrent pas. Moitié lassitude, moitié illusion, il se rallia, en se persuadant que ce n'était point à l'empire, mais au régime libéral qu'il se ralliait. La lune de miel passa vite, et l'illusion ne fut pas de longue durée.

Les attaques ou les insinuations de la presse opposante, auxquelles il devait être d'autant plus sensible qu'il y était moins habitué; plus encore, le vide et le silence que ses vieux amis firent autour de lui, l'avertirent bien vite de son erreur. Quand il partit pour le poste élevé qu'on lui avait choisi (qu'il avait choisi peut-être) non pas seulement comme l'un des théâtres les mieux appropriés à sa légitime ambition et à ses facultés éminentes, mais comme un terrain favorable où il pourrait, tout en jouissant de sa récompense et en servant son pays, se sauver les premières difficultés et les premiers embarras d'une situation si nouvelle, et attendre que l'empire libéral eût ramené à lui la fleur de l'opposition, ou que, du moins, la vivacité des premières impressions se fût amortie, il était déjà tourmenté, aigri par l'hostilité des uns et l'abandon des autres. A son arrivée à Washington, des amis d'Amérique, avec qui il était en correspondance, avaient laissé percer dans leur réception un soupçon et une arrière-pensée sur le mobile de sa conduite. La froideur de l'accueil que lui fit le corps diplomatique, inquiet de son passé, hostile en principe à toutes les nominations politiques, et où son prédécesseur avait laissé de vifs regrets, dont il trouvait la trace jusque dans tout le personnel de l'ambassade, s'ajouta encore à ces premières causes, pour les aviver et les étendre. Survint, comme un coup de foudre, la nouvelle de la déclaration de guerre, dont la seule perspective, lorsqu'il écrivait *la France nouvelle*, épouvantait son esprit. Elle arrivait quand on se croyait en pleine prospérité, en pleine paix, et c'était au moment même où il s'était fait le serviteur de l'empire, que l'empire lançait le pays dans cette terrible aventure dont il devenait en quelque sorte le complice. Au milieu de la grande catastrophe de la patrie, que son esprit sagace avait dès longtemps prévue, dans le cas d'un duel entre la France et la Prusse, il démêla nettement sa propre chute, la ruine de toutes ses espérances et de tous ses projets; il se vit perdu, isolé, repoussé, déshonoré. Toutes ces idées couvent, s'exaltent, s'enflamment dans les dangereuses rêveries de la solitude. Sous cette obsession, le vertige envahit le cerveau, la folie se glisse à sa suite et dissout cette raison superbe : le *démon de la nuit*, comme dit l'Écriture, arme sa main,... et le télégraphe jette sur l'autre rive de l'Atlantique cette nouvelle qui, même au milieu de nos inquiétudes et de nos angoisses, arrache à la France un long cri de stupéfaction douloureuse : « Prévost-Paradol vient de se tuer ! »

Voilà, autant qu'on peut expliquer l'inexplicable, par quel enchaînement de causes un homme d'honneur, qui n'était pas un chrétien, cachant une âme ardente et *nerveuse*, si je puis ainsi dire, sous l'apparence froide et correcte d'un gentleman qui s'exerce à la diplomatie, rendu plus ombrageux encore par la délicatesse de sa situation, a pu être conduit au suicide. « Mortels, chante le chœur d'*OEdipe roi*, ne dites pas d'un homme qu'il est heureux avant qu'il soit arrivé au terme de sa vie. »

Combien de fois cette maxime ne m'est-elle pas

remontée à la mémoire, et surtout le jour où l'on trouva dans son lit, percé au cœur de deux coups de couteau, le corps d'Ernest Beulé, un autre enfant gâté de la fortune, à qui tout avait souri de bonne heure comme à Paradol, et qui, lui aussi, avait si bien composé et surveillé sa vie, en ne laissant rien au hasard « de ce qu'il pouvait lui ôter par conseil ou par prévoyance ». Qui fait trop envie est bien près de faire pitié. Une puissance supérieure se joue des calculs de l'homme : on dirait qu'elle ne les couronne d'abord d'un succès décevant que pour rendre la chute plus significative et plus éclatante, en le poussant parfois à l'achever de ses propres mains. Elle semble avoir voulu poursuivre celle de Prévost-Paradol au delà du tombeau et lui faire expier ses premières faveurs jusque dans sa postérité. Quelques années à peine s'étaient écoulées que son fils, encore au collège, comme s'il eût obéi à un appel mystérieux et fatal de l'ombre paternelle, allait le rejoindre volontairement dans la mort, désespéré avant d'avoir vécu, et que, trois mois après, sa fille, qui avait revêtu le voile, disparaissait elle-même, à la fleur de l'âge, mais du moins non sans consolation et sans espérance. Une dernière fille est sœur de charité en Égypte. La sœur du brillant écrivain s'est faite religieuse elle-même. Ainsi, le couvent a recueilli tout ce que n'a pas pris la mort, et, de cette famille fondée pour des destins prospères, mais si vite décapitée, et dispersée dans des voies diverses, il ne reste plus même aujourd'hui un nom porté par un enfant. O Dieu, pardonnez à ces pauvres heureux!

JACQUES OFFENBACH

3 octobre 1880.

Il semble que tout soit dit sur Offenbach, et que l'on vienne trop tard pour parler encore de lui depuis trois ou quatre jours qu'il est mort et vingt-quatre heures qu'il est enterré. Lorsqu'il y aura une semaine, peut-être ne sera-t-il plus question de lui. Une semaine, c'est une éternité dans le mouvement fiévreux de Paris, où les morts se poussent comme les vivants. Dépêchons-nous donc de rendre, nous aussi, les derniers devoirs au grand maître de l'opérette et de dire ce que nous en savons pendant qu'il en est temps encore.

Jacques Offenbach, né à Cologne, était un Prussien libéré, comme Henri Heine; seulement, il avait été libéré dans un âge plus tendre. Il est étrange que ce compositeur si essentiellement Français, — ce n'est pas assez dire, Parisien jusqu'au bout des ongles, *boulevardier* jusqu'à la moëlle des os; cet homme, dont la musique mousse et pétille comme du vin de Champagne, qui a plus occupé la chronique à lui seul que trente-huit académiciens sur quarante et qui vient encore d'avoir tout Paris à sa *dernière*, — fût un étranger appartenant à la nation qui paraît la moins française. Mais si ce phénomène est curieux, il n'est pourtant pas unique, car même avant Henri Heine, nous avions eu le baron Grimm, terriblement Français aussi pour un Germain.

Ce fut un enfant précoce. On assure qu'il sut jouer du piano en même temps que parler, qu'à cinq ans il s'escrimait à merveille sur le violon, qu'à six il composait sa première romance, qu'à dix, trompant la surveillance de son père, qui ne voulait pas lui faire apprendre la basse, de peur que cet énorme instrument, dont on joue en l'appuyant contre la poitrine, ne nuisît à son développement physique, il s'exerça en secret et apprit seul en moins de six semaines, si bien qu'un soir, dans un concert où l'on devait jouer un quatuor d'Haydn, le musicien chargé de la partie de basse étant venu à manquer, il le remplaça, à l'étonnement et à l'admiration de tous.

A treize ans, il passait pour un virtuose consommé et sa famille l'envoya chercher fortune en France, avec des lettres de recommandation pour plusieurs artistes, notamment pour Chérubini, directeur du Conservatoire, qui, après lui avoir entendu déchiffrer à première vue un morceau très difficile, obtint du ministre une exception en sa faveur, car le Conservatoire ne recevait pas d'élèves étrangers.

On a publié une lettre d'Halévy à son père, *maître de chapelle* (si l'on peut s'exprimer ainsi) de la synagogue de Cologne, où le compositeur français témoigne de l'intérêt qu'il porte à l'enfant. Son coreligionnaire Offenbach a raconté lui-même, dans l'une des *Causeries musicales* de *l'Artiste*, comment, le soir de la première représentation de *la Juive*, il s'aposta dans la cour de l'Opéra pour y attendre l'illustre compositeur, et lui demanda, tout tremblant, la faveur d'entrer : « Tiens ! dit Halévy, c'est le petit bonhomme qui joue d'une basse plus grande que lui aux répétitions de *l'Éclair !* Certainement, je le ferai entrer. Tenez-vous à bien voir, mon garçon ? — Je tiens surtout à bien entendre. — Parfait, reprit le compositeur touché de cette délicate flatterie. Venez avec moi. » Il monta jusqu'en haut du théâtre et se fit ouvrir une troisième loge, du fond de laquelle, aux côtés de l'illustre maître, le petit Jacques savoura les beautés de l'œuvre, en s'initiant aux secrets de la grande musique.

La grande musique ! On ignore généralement que

l'auteur de *Barbe-Bleue* garda pour elle toute sa vie un amour qui devait rester à peu près platonique, mais qui ne semble pas en avoir été moins sincère. Dans les *Causeries musicales* déjà nommées, il raille les esprits mesquins qui ne comprennent pas *la Juive*, parce qu'elle manque de polkas et de mazurkas : « Ce qu'il leur faut à ces compositeurs de quatrième ordre, c'est de la musique populaire déjà avant la représentation. Nous avons le mauvais goût, ajoute-t-il fièrement, de ne pas aimer cette musique aux idées lilliputiennes, cette musique en état de servage. La musique mercantile n'a pour nous aucune espèce de charme. » Ne dirait-on pas l'un de ces articles qui furent plus tard écrits contre lui-même? Il continue en faisant l'éloge de la musique sacrée. Il exalte Glück, Beethoven, Berlioz surtout, et crible Clapisson de ses épigrammes.

En 1855, Berlioz et Clapisson s'étaient présentés en concurrence à l'Académie des beaux-arts. Celui-ci fut élu, à la grande indignation d'Offenbach. Il raconte à ce propos qu'un académicien répondit à Berlioz: « J'en suis bien fâché, mais j'ai promis ma voix à l'auteur du *Postillon de madame Ablon*, connu dans les cinq parties du monde. — Et même dans les cafés chantants, » riposta Berlioz. Ainsi, ajoute Offenbach, Clapisson vient d'être élu pour un *Postillon*, comme déjà Adolphe Adam avant lui, ce qui prouve combien l'Académie est *à cheval* sur ses principes d'art.

Il est aussi curieux de lire ces articles du futur compositeur de la *Belle Hélène* en l'honneur de la grande musique que ceux du révolutionnaire romantique Eugène Delacroix sur la littérature et les écrivains classiques.

Le jeune Offenbach adorait donc la grande musique dès sa sortie du Conservatoire, ce qui ne l'empêchait nullement, d'ailleurs, d'être un adolescent dépourvu de toute gravité: *puer ingeniosus quidem, sed insignis nebulo*. Il n'avait que quinze ans lorsqu'il obtint au concours une place de violoncelliste à l'orchestre de l'Opéra-Comique, avec appointements de 83 francs par mois. On a gardé à ce théâtre le souvenir des espiègleries auxquelles ce bambin se livrait sans cesse, introduisant des hannetons dans les trombones, liant les chaises ou les pupitres vides avec des ficelles pour les faire danser pendant la représentation, se livrant enfin aux charges les plus extravagantes, qui mettaient le chef d'orchestre aux abois.

Le violoncelliste Seligmann et lui étaient convenus de ne jouer chacun alternativement qu'une note de leur partie, tour de force qui ne pouvait être accompli que par des exécutants d'une grande habileté, mais que les contorsions et les soubresauts auxquels il fallait se livrer firent bientôt découvrir. Valentino, alors chef d'orchestre, ne badinait pas, et il arrivait parfois que le chiffre des amendes infligées au jeune fou dépassait à la fin du mois celui de son traitement. Un jour même, le caissier lui répondit, avec un sourire narquois: « Monsieur Offenbach, vous me redevez dix francs. »

Offenbach n'avait guère plus de vingt ans lorsqu'il se maria. Il épousa une sœur aînée de M. Robert Mitchell, journaliste et député. M. Mitchell, qui tient de son père un nom anglais, est lui-même semi-espagnol par sa mère; il a eu don Carlos pour parrain et a été, dès le berceau, nommé capitaine dans l'armée carliste. Celle qui devint madame Offenbach était tout à fait Espagnole, elle, comme sa mère. C'est à l'occasion de ce mariage que le jeune juif de Cologne, déjà naturalisé Français, se fit catholique et reçut le baptême. Il eut pour marraine une grande dame qui le protégeait. Une personne qui connut le jeune couple dans le château du Val-Fleury, où il passa l'été de 1845, ne tarit pas sur la beauté et la douceur de l'aimable femme, sur la grâce et le charme des deux petites filles, Berthe et Marie. Offenbach, avec sa taille fluette, ses yeux bleus, ses cheveux blonds qui lui tombaient sur les épaules, semblait à peine âgé de dix-huit ans. Sa santé était délicate, et il la soignait. Paresseux comme un lézard, lui qui devait donner plus tard l'exemple d'une activité prodigieuse, et rêveur comme un Allemand de ballade, il passait une partie de ses journées au lit. Souvent, quand la cloche sonnait le déjeuner, il fallait que le maître du château allât le secouer sur la plume.

C'est en 1847 qu'Offenbach fut nommé chef d'orchestre au Théâtre-Français. Il avait 1,250 francs par mois et devait, pour ce prix modique, recruter et payer lui-même ses musiciens. Ils étaient une quinzaine et recevaient de 50 à 80 francs par mois: bien des jeunes gens, frais émoulus du Conservatoire, étaient fort heureux d'un pareil salaire. D'ailleurs, dès qu'il y avait succès déclaré, on congédiait l'orchestre pour faire place aux spectateurs. Offenbach grossissait quelque peu cette maigre subvention du profit des amendes infligées à ceux qui manquaient l'une des rares répétitions, et du traitement des défectionnaires qu'il ne se pressait pas toujours de remplacer. A la fin, il ne paraissait presque plus à la tête de cet orchestre, dont il avait abandonné la direction à son sous-chef.

Est-ce à ce passage d'Offenbach à travers la maison de Molière qu'il faut attribuer la première idée d'un projet qui d'ailleurs n'a jamais été mis à exécution? Au mois d'août 1865, les journaux annoncèrent qu'il venait de conclure avec Marc Fournier un traité en vertu duquel il s'engageait à mettre le *Bourgeois gentilhomme* en musique. L'ouvrage devait être représenté à la fin de novembre sur la scène de la Porte-Saint-Martin. Bonne réclame pour Molière! disaient les malins. Qu'est devenue cette partition, si elle a jamais été faite ?

Il obtint en 1855 le privilège des Bouffes-Parisiens, et ce fut le commencement de son étonnante fortune musicale.

Pendant les premières années, il l'alimenta presque à lui seul, et le superflu de sa verve exubérante eût suffi encore à un autre théâtre. Jamais il n'a dépassé l'esprit, l'alerte et agaçante gaieté, la fraîcheur, la grâce pimpante de ces aimables bluettes musicales du début, dont les titres résonnent comme des éclats de rire : *les Deux Aveugles, Ba-ta-clan, Tromb-Al-Cazar, le Financier et le savetier.* En homme avisé, il ne se contente pas de son talent et de celui de ses collaborateurs pour faire du bruit et attirer la vogue : il ouvre des concours, il fonde des prix ; à peine installé, il écrit au baron Taylor une lettre que vous trouverez dans le compte rendu de l'Association des artistes dramatiques, pour lui annoncer que le montant des amendes sera versé chaque mois dans la caisse des Sociétés qu'il avait fondées: « Si ce chiffre mensuel des amendes n'atteignait pas la somme de 25 francs, ajoute-il, je le parferais moi-même, de telle sorte que vous puissiez toujours compter sur un minimum de 25 francs. Mon plus grand désir est que je sois seul à supporter cette rétribution. Bien plus, s'il n'y a pas une seule amende encourue dans le mois, je prends de bien bon cœur l'engagement d'élever la somme à 30 francs. Mes pensionnaires ont là un moyen de me jouer un mauvais tour et de mettre leur directeur à l'amende... Ce sera nouveau et piquant. »

On n'avait permis aux Bouffes, sur les réclamations des autres théâtres de musique, que les pièces à trois personnages. Il s'en trouvait quatre dans l'opérette de *Croquefer*, — si je ne m'abuse, — et la censure lui intima impitoyablement l'ordre d'en supprimer un. Est-ce bien dans *Croquefer?* Je devrais être plus sûr de mes classiques, et je prie le lecteur d'excuser l'incertitude de ma mémoire. Offenbach et ses collaborateurs tournèrent la difficulté en faisant du personnage muet un soldat à qui l'on avait coupé la langue. Lorsqu'il voulait parler, il tirait un fil qui mettait en mouvement des plaques indicatives vissées à sa cuirasse, et sur lesquelles on lisait : *Oui. Non. Comment donc ! Certainement*, etc. Cet expédient ingénieux était d'ailleurs imité du théâtre de la Foire qui, au dernier siècle, avait dû se mettre sans cesse en frais d'imagination pour tourner les obstacles que lui opposaient les scènes privilégiées.

La Comédie-Française lui interdisait les dialogues ; Piron lui fit des pièces en monologues, comme *Arlequin-Deucalion*, où tous les personnages, sauf le principal, ne parlaient que par gestes ou par écriteaux. L'Opéra lui interdisait le chant : le moment du couplet venu, une longue perche hissait au milieu du théâtre une planchette où étaient écrits les vers, que le public chantait sur des airs connus, accompagné par l'orchestre.

Offenbach eut l'heureuse chance de rencontrer en ses acteurs, surtout en Dupuis et mademoiselle Schneider, les gens les plus propres à faire valoir ses ouvrages. Mais tout lui était bon : il aurait fait chanter Grassot et il eût tiré partie de l'extinction de voix de Saint-Germain. Il savait trouver les mélodies nécessaires pour que les organes les plus rebelles et les chanteurs les plus nuls arrivassent à produire leur effet. S'ils n'avaient qu'une note, il arrangeait pour eux un air où ils la donnaient à propos, et s'ils n'en avaient pas, il leur composait une romance ou une cavatine qu'on pouvait à la rigueur chanter avec une grimace ou un éternuement. Hyacinthe, Lassouche et la mère Thierret ont compté parmi ses ténors et ses contralti : c'est tout dire.

Lorsque le gros Désiré, de désopilante mémoire, entra aux Bouffes pour y jouer *Vent du soir*, il dit à Offenbach, dans la candeur de sa conscience :

— Je dois vous prévenir que je n'ai pas de voix et que je ne sais pas chanter du tout.

— Mêlez-vous de vos affaires, » lui répondit sévèrement le *maëstro*.

Le boulevard Montmartre avait continué et accru le succès du passage Choiseul. Pendant quinze ans, Offenbach fut peut-être le nom le plus populaire de Paris, l'homme le plus recherché, le plus courtisé, le plus entouré, le plus adulé qu'il y ait jamais eu. Que de fêtes joyeuses, que de soirées folles, que de soupers au champagne a vus cet appartement de la rue Laffitte, 11, qui était toujours envahi par une véritable foule après chaque nouveau succès ! Les bals débordaient l'appartement trop petit et versaient le superflu de leurs quadrilles sur les paliers des étages inférieurs, où les voisins, ne pouvant songer à dormir, prenaient le parti de venir se mêler en riant à la danse.

Parfois la queue se prolongeait jusque sur le trottoir. Impossible d'entrer. On comptait les sortants pour pénétrer à leur place. On s'échelonnait sur l'escalier, montant d'une marche tous les quarts d'heure et calculant que, s'il ne survenait pas d'incident imprévu, on pourrait arriver à la porte de l'appartement, situé tout en haut de la maison, vers quatre heures du matin, — comme on calcule, dans les ascensions du Mont-Blanc, qu'on sera à minuit aux Grands-Mulets, à deux heures trente au Corridor et à cinq heures au sommet.

C'est dans ces bals costumés que Gustave Doré, non moins habile dans les exercices du corps que dans ceux du crayon et de la brosse, et qui eût pu devenir le premier gymnaste de Paris s'il n'avait préféré devenir le premier dessinateur de France, excitait l'admiration de la galerie par son infatigable ardeur. On faisait cercle pour lui voir exécuter son *cavalier seul* sur les mains, — figure qui a conservé, dans la « danse des salons » le nom de *pas de Gustave Doré*. Il changeait de costume deux ou trois fois par soirée et dépensait à ce travail autant d'imagination qu'il lui en a fallu pour illustrer l'Arioste. On a conservé surtout le souvenir de son costume de Prairie, avec des pelouses coupées d'étangs, et autour de ses cheveux des insectes et des papillons qui s'envolaient de toutes parts. Un jour, pour se déguiser en Méphistophélès, il s'enduisit la figure de vert-Véronèse et faillit mourir empoisonné.

On donnait des opérettes et des parodies. Les vendredis on jouait des charades. Après le succès du *Trouvère* à l'Opéra, Offenbach organisa dans son salon une représentation solennelle de *l'Enfant Trouvère*, grand opéra où M. About avait pris le rôle du bourreau; M. Hector Crémieux, Azucena; Adolphe Decourcelle, le comte de Luna et Gustave Doré,

Léonore. Le comte de Luna résumait à la fin la moralité de la pièce dans ce quatrain d'une haute poésie, sur un air d'Offenbach :

> Si j'ai tué ce pauvre enfant trouvère,
> Il ne faut point m'reprocher son trépas,
> Car à présent je sais qu'il est mon frère,
> Mais tout à l'heur' je ne le savais pas.

Quand Offenbach partait pour sa villa d'Étretat, il ne tardait pas à voir tomber chez lui, avec leurs valises pleines de costumes, les principaux habitués de ses fêtes, qui le pourchassaient jusqu'au bord de la mer. Et le piano se remettait à jouer comme de lui-même. Et l'on recommençait à danser. Et l'on tirait des feux d'artifices, ce qui était l'un des divertissements favoris du *maëstrino*, — et une fois même on faillit mettre le feu au village.

Comment cet homme heureux entre tous avait-il pu conquérir l'absurde renommée de *jettatore*, à laquelle bon nombre de Parisiens et surtout de Parisiennes, qui ne croyaient pourtant pas à grand'chose, crurent fermement pendant plusieurs années ? Un jour, à une répétition du Théâtre-Français, les vêtements d'une actrice qui s'était trop approchée de la rampe, se mettent à prendre feu. Offenbach le premier se précipite et, non sans se brûler assez cruellement à la main, il étouffe la flamme. Quelque temps après, à une représentation du *Pied de Mou-*

ton à la Porte-Saint-Martin, le même accident arrive à une figurante, et en se rappelant le rôle joué par Offenbach dans le cas précédent, on ne manqua pas de remarquer qu'il se trouvait cette fois dans la coulisse, où il était venu causer avec le directeur. Il n'en fallut pas davantage pour fonder sa réputation dans un certain monde, et elle fut définitivement fixée après la mort tragique d'Emma Livry. C'est, il est vrai, pendant une répétition générale de *la Muette* que celle-ci avait été brûlée; mais sa dernière création était celle de Farfalla dans *le Papillon* d'Offenbach. Plus de doute; la chose était claire !

Fiorentino, qui ne l'aimait guère et qui, en sa qualité d'Italien, croyait à la *jettatura*, contribua plus que personne à répandre cette légende ridicule, qui agaçait prodigieusement sa victime. Un jour, dans le foyer d'un théâtre, ils eurent à ce sujet une altercation très vive et qui faillit devenir violente. Offenbach voulait absolument qu'il lui rendît raison, tandis que Florentino, adossé à la cheminée et opposant à son adversaire le signe cabalistique des deux doigts en corne, répondait à toutes les provocations, avec son léger accent italien: « Non, non, non, mon cer, pas avec vous. Z'ai fait mes preuves; tout le monde sait que *ze* n'ai pas peur d'une épée, mais *ze* ne me bats pas avec un *jettatore*. Diable ! Non, non, non. »

Offenbach avait gagné des millions ; il est mort à peu près sans fortune. Il s'était ruiné en prenant la direction du théâtre de la Gaîté. En outre, l'argent lui coulait entre les doigts, comme de l'eau. J'ai parlé de ses fêtes et de ses soupers. Il était généreux, refusait rarement un secours et se laissait exploiter. Enfin, ce fut un grand joueur, joueur inhabile et malheureux, si malheureux, si inhabile, qu'on avait parfois honte de le gagner et que son ami Villemessant lui dit un jour, après l'avoir battu à plates coutures : « Allez apprendre la bouillotte. Je vous défends de revenir jouer avec moi tant que vous ne la saurez pas mieux que ça. »

On me raconte à ce propos une anecdote bien typique et dont j'avais déjà vaguement entendu parler. Un jour, sous l'empire, Offenbach obtint la faveur extraordinaire de donner une représentation de son *Orphée aux enfers* sur la scène du Théâtre-Italien. L'empereur et l'impératrice, qui n'auraient pu aller aux Bouffes, y assistaient, et avaient naturellement entraîné à leur suite le brillant public qui gravitait autour des Tuileries. Grâce aux dimensions de la salle et au prix des places, on fit une magnifique recette de dix-huit mille francs. Offenbach était aux anges. Il dirigea l'orchestre pendant le premier acte. La toile baissée, il monta au cabinet du directeur, M. C., qui était lui-même joueur comme les cartes :

— Eh bien, mon cher Offenbach, lui dit celui-ci, vous devez être heureux.

— Enchanté.

— Malheureusement, c'est bien peu de chose, dix-huit mille francs; il vous en faudrait le double.

— Dame, cela vaudrait encore mieux.

— Eh bien, asseyez-vous là; je vous propose de jouer la recette à l'écarté. Si vous gagnez, cela vous fera 36,000 francs, somme respectable. Si vous perdez, vous n'avez rien à débourser; vous vous contenterez de me laisser toucher la recette à votre place.

Offenbach essaya une molle résistance, qui ne dura pas longtemps. Tandis que son sous-chef s'installait au pupitre, il faisait vis-à-vis au directeur et s'engageait dans une partie acharnée. A minuit, au moment où le rideau tombait au bruit des applaudissements, M. C. abaissait le dernier atout qui le rendait propriétaire de la recette, et le malheureux compositeur s'en retournait chez lui les mains dans ses poches vides.

Offenbach, qui avait dépensé sans compter toutes les forces de son frêle et nerveux organisme, ne vivait plus depuis longtemps que par un effort de volonté. Son activité est demeurée la même jusqu'au bout, sinon sa fortune. Celle-ci parut d'abord entraînée dans la chute de l'empire, dont il avait été l'Orphée en titre. Dans ces dernières années, la faveur s'en était allée à des rivaux plus jeunes; il perdait batailles sur batailles, mais il ne se lassa point de lutter, et la victoire lui revint. Il est mort au lendemain d'un de ses plus grands succès : *Madame Favart;* au cours d'un autre : *la Fille du tambourmajor;*—à la veille, il l'espérait et ses amis avec lui, — d'un troisième et d'un quatrième, avec les *Contes d'Hoffmann*, destinés à l'Opéra-Comique, et *Belle Lurette*, qu'on répète à la Renaissance. On parle aussi du *Cabaret des Lilas*. Ces titres ont l'air d'une ironie sur une tombe refermée à peine; mais ce n'est pas ma faute.

Malgré l'éclipse momentanée de son étoile, on peut dire qu'Offenbach fut, pendant ce dernier quart de siècle, l'un des noms les plus populaires de France, du moins à Paris. Il a incarné toute une époque dans sa musique; avec sa mine de marionnette macabre, il a mené quinze ans, au son des mélodies joyeuses d'*Orphée aux enfers*, de *la Belle Hélène*, de *la Grande-Duchesse*, de *Barbe-Bleue*, des *Brigands*, de *la Vie parisienne*, le branle effréné qui devait finir comme la Danse des Morts. L'empire s'est amusé et s'est effondré sur les airs que semait d'une main prodigue cet alerte et spirituel improvisateur. Lui-même se rendait bien compte de l'espèce de solidarité qui s'était établie dans beaucoup d'esprits entre sa musique et la grande sarabande de 1852 à 1870;

il se sentait entraîné pour sa part dans la chute de l'empire. En 1871, après la Commune, Gustave Doré le rencontra dans le passage des Panoramas, et s'approcha pour lui serrer la main : « Comment ! fit l'autre presque surpris, tu me salues encore ? Tu n'as pas peur de te compromettre en donnant une poignée de main au grand *pourrisseur !* » Hélas ! en fait de *pourrisseurs* et de pourritures, nous en avons vu bien d'autres, sous l'austère et vertueuse république !

Offenbach seul était capable de faire le compte de ses partitions : il en a trouvé cent. Que restera-t-il de cet énorme, mais léger bagage ? Peu de chose, assurément, car, après avoir touché tous les bénéfices de l'actualité, il en subira aussi toutes les charges. Sa mélodie claire et vive pétille comme la mousse de l'Aï ; elle fond et s'évapore de même. A défauts de qualités plus profondes et plus solides, la musique d'Offenbach a infiniment de verve, de couleur, de mouvement, parfois d'originalité. Il reste le maître de l'opérette, bien au-dessus de tous ceux qui ont essayé de marcher sur ses traces, et l'opérette elle-même restera le genre caractéristique de l'époque.

Je me borne à ces considérations modestes sur son œuvre. Il serait déplacé de s'appesantir : d'abord parce qu'ici je suis un chroniqueur et non un critique, ensuite parce qu'Offenbach avait l'esthétique en horreur. Quand, à table, la conversation dérivait de ce côté, il l'arrêtait d'un mot : « Tenez-vous à savoir mon opinion ? Je ne connais que deux auteurs : Thucydide et Paul de Kock. Voilà ma profession de foi en fait d'esthétique. Maintenant, parlons d'autre chose. »

Parlons d'autre chose, c'était sa devise. C'est aussi celle de la chronique. Elle parle déjà d'autre chose maintenant.

MAXIME DU CAMP

ET L'ACADÉMIE FRANÇAISE

25 mars 1882.

Le 23 décembre 1880, M. Maxime Du Camp a revêtu l'habit aux palmes vertes, et M. Caro, au nom de l'Académie française, lui a dit solennellement le *dignus es intrare*. Le 23 mars 1882, il a fait pour la première fois acte public d'académicien, en recevant M. Sully-Prudhomme. Désormais le voici tout à fait de la maison. Esquissons un léger crayon de cette physionomie très nette et très caractérisée, et fixons-la dans ses lignes essentielles.

Un bout de biographie d'abord : M. Du Camp a juste la soixantaine. C'est un Parisien de naissance, mais un Espagnol d'origine. Ses ancêtres s'appelaient, si je ne me trompe, *del Campo d'Orgas*; mais je parle de longtemps, comme dit la chanson, car l'établissement de la famille en France date de plusieurs siècles. Son père était ce chirurgien qui, mort à trente ans, en 1823, avait déjà conquis un nom assez célèbre pour faire partie de l'Académie de médecine, à l'âge où d'autres sortent à peine de l'internat, et qui a attaché son nom aux débuts de la lithotritie.

Le fils n'avait pas deux ans quand le père mourut, emporté par une maladie de poitrine. Néanmoins l'influence paternelle s'est fortement exercée sur lui, — par l'hérédité, sinon par l'éducation. M. Du Camp a eu toute sa vie un goût particulier pour la pathologie. Il s'en est longuement occupé, et il en a mis un peu partout. Sa philosophie, son esthétique, sa morale même en sont fortement teintées, et il manie avec décision une plume aiguë et tranchante comme un bistouri.

La main d'une femme était trop faible pour diriger et contenir ce jeune cheval plein de feu, qui rongeait son mors et regimbait à tout frein. L'enfance et la première jeunesse de Maxime furent celles d'un poulain sauvage et échappé. Il s'évada de tous les collèges d'où il ne parvint pas à se faire expulser : de Louis-le-Grand, de Charlemagne, de Saint-Louis, que sais-je encore ? Il était travailleur néanmoins, et, avec son intelligence alerte et curieuse, capable de grands succès scolaires, mais absolument rebelle à toute discipline. Dans ses *Souvenirs littéraires*, il a raconté sommairement ses souffrances et ses révoltes d'alors, et il nous apprend qu'il eut pour principaux complices, pour compagnons de crimes et de châtiment, deux enfants renvoyés avec lui comme indisciplinables et qui sont devenus, l'un le général de cavalerie Corot, héros de Reichshoffen, l'autre le contre-amiral Mouchez, membre de l'Académie des sciences et directeur de l'Observatoire. Le jour même où paraissait ce volume, M. Du Camp, chargé de recevoir à l'Académie le poète des *Épreuves* et de la *Justice*, prenait prétexte d'une pièce du récipiendaire sur l'isolement et les ennuis de l'écolier jeté tout à coup dans ce désert bruyant du collège, pour exécuter une vigoureuse sortie, — qui a fait sur l'auditoire académique une imperssion analogue à celle du *Delenda Carthago* de Caton dans le sénat romain, — contre « les rigueurs d'une discipline disproportionnée ». Il a particulièrement frappé de ses foudres les *arrêts* du lycée Louis-le-Grand, qui jouissent maintenant, grâce à son discours, d'une renommée européenne. M. Du Camp les connaît bien : ils sont restés ce qu'ils étaient sous la Terreur, alors qu'ils servaient de cachot à Saint-Huruge, et en allant les revoir quelque temps avant de prononcer son discours, il les a retrouvés tels qu'il les fréquenta il y a quarante ans.

En 1873, après une première visite qui venait d'exaspérer l'horreur de ses souvenirs, demeurés aussi vivaces qu'en sa verte jeunesse, il avait écrit à M. Jules Simon, alors ministre de l'instruction publique, pour les lui dénoncer et en réclamer la suppression. M. Jules Simon lui répondit que cette geôle n'était plus sans doute aujourd'hui qu'un épouvantail, mais que néanmoins il donnait l'ordre de la fermer. Et elle est toujours ouverte. Les ministres passent, les proviseurs restent. Les proviseurs aussi passent, les vieux us et les vieux murs universitaires sont toujours debout. Il y a bien longtemps qu'il est question de reconstruire et d'agrandir la Sorbonne. Mais il y a plus longtemps encore qu'il est question de jeter bas ce vieux bâtiment sombre de Louis-le-Grand, semblable à une caserne doublée d'une prison, et que l'on n'en fait rien. Combien de nouvelles générations d'élèves verra-t-il passer à l'ombre de ses murs noirs, dans ses cours tristes, dont le seul aspect serait capable de donner le spleen à un enfant? Mais je ne serais pas étonné du moins que les murailles de la geôle, comme celles de Jéricho, ne tombassent devant l'éclatante fanfare sonnée par le Gédéon de l'Académie.

Le danger des révélations faites par M. Du Camp, si elles tombent sous les yeux de quelque *cancre*, sera de le relever extraordinairement dans sa propre estime, de lui inspirer un orgueil démesuré, ou tout au moins de lui fournir de glorieuses excuses. Sans doute les cancres auraient tort de croire, comme l'a judicieusement remarqué le proviseur de Louis-le-Grand dans sa réponse au nouvel académicien, qu'il suffit d'être mis souvent aux arrêts et de se faire renvoyer pour devenir quelque jour amiral ou membre de l'Académie française; mais du moins ils sauront, ce qui peut avoir sa gravité, que les arrêts, loin d'être toujours l'antichambre du bagne, sont quelquefois la première étape de la gloire, et ils pourront rééditer à l'usage du collège la vieille théorie romantique de *désordre et génie*, qui a servi à absoudre et à glorifier tant de désordres sans génie.

Le jeune Maxime avait quatorze ans à peine quand sa mère mourut. Il était fils unique; ses parents lui léguaient une fortune qui, sans avoir aucun rapport avec celle des Rothschild, allait lui permettre de satisfaire ses goûts et de se livrer sans contrainte à ses études préférées.

Au sortir du collège, tout l'attire à la fois; il veut tout atteindre et tout embrasser. Physiologie, archéologie, dessin, peinture et photographie, histoire, critique, littérature, poésie, il se lance en même temps dans les voies les plus diverses. Mais les lettres étaient son goût dominant, l'axe autour duquel tournaient toutes les autres études. Avec son ami Gustave Flaubert, du même âge que lui, comme lui fils d'un chirurgien célèbre, poussé par les mêmes ardeurs de curiosité, il avait formé le projet de tout voir, de tout connaître, d'avoir tout regardé en face, creusé et épuisé, à quarante ans. Projet d'enfant déjà blasé par certains côtés, mais resté naïf, quoi qu'il en crût. L'ignorant seul peut caresser la chimère du savoir universel : à mesure qu'on avance, l'horizon s'élargit et la limite recule ; plus on descend, plus l'abîme se creuse.

En 1844 et 1845, Maxime Du Camp fit son premier voyage en Orient : Asie Mineure, Turquie d'Asie, îles de l'Archipel, Algérie, Italie. Pendant le cours de ce long voyage, il fut frappé de la foudre sur les ruines d'Éphèse, au moment où il descendait de cheval pour chercher un abri contre l'orage qui venait d'éclater avec violence. Il avait encore le pied dans l'étrier quand le choc électrique le frappa à la nuque, sans qu'il eût vu l'éclair, ni entendu le coup. « Ce fut, me disait-il, la sensation rapide et terrible que doit éprouver un guillotiné ; il me sembla qu'un cercle d'acier me traversait le cou. » Il resta pendant vingt minutes étendu sans connaissance entre son domestique et son drogman, qui le crurent mort. Enfin il se releva, mais il se releva sourd. Heureux encore d'en être quitte à si bon compte !

Le premier livre de Maxime Du Camp : *Souvenirs et paysages d'Orient*, date du 16 février 1848 : on ne pouvait plus adroitement tomber. Huit jours après, la révolution éclatait et lui-même ne songeait plus à ce premier-né, qui devait être suivi de beaucoup d'autres. Il revêtait l'uniforme de garde national, prenait le fusil, descendait dans la rue dès qu'on battait le rappel, montait sa garde, marchait contre les émeutiers, et le soir, en rentrant chez lui, couchait sur le papier ce qu'il avait vu. Curieux et toujours infatigable preneur de notes! Il en est résulté plus tard les *Souvenirs de l'année 1848*. Pendant les journées de Juin, il fut grièvement blessé à l'attaque de la barricade du faubourg Poissonnière; une balle lui fracassa le péroné. Le général Cavaignac le décora de sa main. C'est ainsi que cet écrivain de combat entrait dans la vie.

Par bonheur il ne fallut pas lui couper la cuisse et lui mettre une jambe de bois, comme on y avait songé un moment, ce qui l'eût beaucoup gêné pour ses voyages, et en particulier pour celui qu'il méditait alors et qu'il préparait à fond en lisant Ritter, d'Herbelot, Champollion le jeune. En 1849, il put partir avec Flaubert pour cette grande tournée qui embrassait l'Égypte, la Nubie, les bords de la mer Rouge, les mines du Mont des Émeraudes, la Syrie, la Palestine, la Caramanie, l'Asie Mineure encore, la Turquie d'Europe, la Grèce et le Péloponèse. Maigre, sec, nerveux, d'une indomptable énergie physique,

Maxime Du Camp était admirablement taillé pour faire un voyageur intrépide. Il avait emporté tout un attirail photographique; il rapporta une immense collection de clichés pris sur nature, qui lui servirent l'année suivante pour l'illustration de son grand ouvrage in-folio. C'est à ce moment que son ruban rouge s'arrondit en rosette.

Il était à peine revenu depuis quelques mois, — on voit qu'il ne perdait jamais de temps — quand il fonda la *Revue de Paris* avec Théophile Gautier, Arsène Houssaye, Louis de Cormenin, auxquels s'adjoignit, ou plutôt se substitua, deux ans après, M. Laurent-Pichat, alors romancier et poète, mais déjà républicain très avancé. Je le rencontrai là pour la première fois en 1855, — il y a plus d'un quart de siècle; si j'avais la coquetterie d'un chroniqueur mondain, je ne vous dirais point ces dates-là. Il était alors dans tout l'épanouissement de son activité littéraire, dans la fleur et la fougue de l'âge; il abordait à la fois le roman avec le *Livre posthume*, la critique avec *les Beaux-Arts à l'Exposition universelle*, la poésie avec les *Chants modernes*, en tête desquels il avait écrit le manifeste d'une nouvelle école, sa préface de *Cromwell* à lui. Il animait la revue de sa personnalité vivante, batailleuse, et les bureaux de ses discussions pleines d'ardeur, que j'écoutais avec la réserve parfois étonnée d'un débutant timide, qui ne se doutait pas alors qu'il écrirait un jour sa biographie.

Après l'attentat d'Orsini, un décret supprima la *Revue de Paris,* — mystère qu'il ne faut pas essayer d'approfondir. Deux ans plus tard, Maxime Du Camp, qui n'aimait pas à rester oisif, partait pour l'expédition des Deux-Siciles, en compagnie de son ami le général Turr. Il fit toute la campagne à ses frais, en amateur, j'allais dire en curieux, et il en rapporta un volume de souvenirs personnels et son roman des *Buveurs de cendres.* Je dis les circonstances atténuantes. Néanmoins, je pense que M. Du Camp ne ferait plus l'expédition des Mille aujourd'hui. L'ancien écolier indiscipliné, l'ex-duelliste au caractère querelleur et à la main prompte, avait gardé le tempérament aventureux et l'humeur naturellement révolutionnaire. Il s'est assagi avec l'âge et l'expérience.

Au cours de ses visites, si je suis bien informé, M. Maxime Du Camp a tenu loyalement ce langage à ses futurs confrères: « Entre beaucoup de choses qui ne sont point académiques dans ma carrière, il en est deux moins académiques encore que toutes les autres: la part que j'ai prise à la campagne des Mille et ma préface des *Chants modernes.* Non seulement je m'en accuse, mais je me crois obligé en conscience de vous les signaler. » Dans la préface militante des *Chants modernes*, il a lancé en effet les plus véhémentes invectives à la face de l'Académie. Je crois même, entre nous, qu'il la traitait d'Hôtel des Invalides et l'accusait formellement de la décadence des lettres. Ces choses-là ne sont pas neuves, mais elles font toujours sourire. L'Académie est bonne personne : elle oublie volontiers ces petits désagréments ; bien plus, on dirait qu'il ne lui déplaît pas d'amener les coupables à résipiscence, et que le plaisir de les contraindre à une amende honorable dépasse pour elle le déplaisir de les admettre dans un *sein* qu'ils ont battu d'avance.

Je ne puis ni ne veux suivre M. Du Camp dans tous les détails d'une carrière si activement remplie. Ses dernières œuvres, les plus considérables, les plus caractéristiques, celles qui ont le plus passionné l'attention et valu à son nom la célébrité la plus éclatante, c'est *Paris, ses organes, ses fonctions, sa vie*, et les *Convulsions de Paris*. Il les a écrits tous deux avec la même préoccupation d'exactitude, la même étendue et la même nouveauté d'informations, enfin du même style net, rapide et nerveux, qui est comme son cachet personnel.

Jamais historien de Paris n'étudia de plus près son sujet et ne s'entoura de documents plus précis. Son livre laisse bien loin derrière lui, par la sûreté et la variété des informations, par la curiosité des détails, par le mouvement des descriptions et l'énergie des peintures, tout ce qu'on avait écrit jusqu'à présent de plus complet sur la grande ville. Pendant des années entières, M. Du Camp a manié personnellement tout le mécanisme des grandes administrations parisiennes; il a mené la vie des chefs de service et des simples employés; il a vécu à la Morgue, dans les prisons, au Dépôt, dans les bureaux de poste et de télégraphe; il s'est assis à la table des juges d'instruction, il a pris part à l'arrestation des criminels et s'est fait arrêter lui-même aux carrières d'Amérique; il s'est enfermé dans la cellule des condamnés à mort et les a conduits à l'échafaud. Il n'a reculé devant aucun des bas-fonds de Paris; il a plus d'une fois joué sa sécurité et sa vie dans sa passion de voir les choses en face, pareil à ces médecins qui s'inoculent des maladies redoutables pour en étudier la marche sur eux-mêmes. Il lui a fallu pour cela un courage physique et moral que j'admire et dont bien peu seraient capables.

De même pour ses *Convulsions de Paris*, qui lui ont valu tant de colères et tant d'injures. Il a commencé par accumuler une telle masse de documents authentiques que jamais sans doute historien n'en amassa de pareille. Un seul détail en donnera l'idée: il a dû payer au chemin de fer un poids de 137 kilos de papier lorsqu'il les transporta hors de France. Ordres d'écrou, procès-verbaux des séances du Comité central et de la Commune, mandats d'arrestation, correspondances, interrogatoires, tout est là ; il est loin d'avoir tout dit, mais rien ne sera perdu. L'histoire des moyens grâce auxquels il a pu former cet effrayant dossier, du prix que lui ont coûté ces pièces, des circonstances où elles sont arrivées entre ses mains et de ceux qui les lui ont procurées, serait intéressante comme un roman de Dumas père, mais lors même que je la saurais en détail, je n'entreprendrais pas de la raconter.

Pas un fait de son histoire qui n'ait sa pièce à l'appui. Tout est classé, annoté, déposé en lieu sûr, ainsi que les trois exemplaires interfoliés de son livre, portant sur les pages blanches les copies certifiées de tous les documents justificatifs et complémentaires. Il y a même classé toutes les lettres d'outrages et de menaces que lui a values son ouvrage, et Dieu sait combien il y en a ! Quand elles ne sont pas anonymes, il en accuse réception : « Reçu une lettre d'injures, n° 395 », et il l'ajoute aux autres, après en avoir extrait les renseignements positifs qu'elle peut renfermer. Il est difficile d'imaginer la parfaite tranquillité d'âme avec laquelle il subit ces violentes bordées d'invectives. Quelques-uns ont menacé d'aller plus loin ; je ne le leur conseille pas :

M. Du Camp n'est point homme à se laisser faire, et je crois pouvoir leur prédire qu'ils n'en seraient pas bons marchands.

Après avoir formé son dossier avec la sagacité et la patience d'un juge d'instruction, M. Du Camp, saisi de dégoût et d'horreur non seulement devant la démence sanglante de la Commune, mais devant les mensonges impudents de ses panégyristes, en a raconté les crimes et les folies avec une ardeur de style et une franchise d'allures qui auraient pu prendre pour devise le vers de Boileau, modifié par une légère variante :

> J'appelle un chat un chat, et Rigault un gredin.

Déjà l'auteur de *Paris* avait çà et là, notamment dans le dernier chapitre, où il procède à une analyse chimique du Parisien, préludé vigoureusement à son histoire de la Commune. Mais c'est celle-ci qui a été son véritable titre. Au milieu des apologies effrontées qui s'étalent impunément dans une partie de la presse, des revendications odieuses, des menaces de représailles; lorsque l'audace des complices semble pouvoir compter sur la niaiserie des dupes; que la mollesse des honnêtes gens vient en aide au cynisme des coquins, et que ceux qui n'ont rien oublié ne se sentent pas protégés par un gouvernement incapable de se défendre lui-même et empressé de livrer

successivement toutes les approches de la place à
l'ennemi, le courageux ouvrage de M. Du Camp,
auquel on n'a répondu que par des outrages, a été
un soulagement pour la conscience nationale.

Au physique, M. Maxime Du Camp est maigre, de
taille élancée ; la figure nerveuse, la barbe et les
cheveux grisonnants. On le connaît peu, car il vit
très solitaire, passe six mois de l'année à la campagne,
ne va pas dans le monde, ne paraît jamais au théâtre. Au moral, c'est avant tout un homme d'action,
et même de combat : il l'est jusque dans ses écrits,
et je vous réponds que celui-là ne s'endormira pas
dans son fauteuil. Son talent a plus de vigueur, de
décision, de mouvement que de finesse; la trame
de son style est plus forte que délicate; son jugement frappe droit et ferme, sans se préoccuper
des nuances. Même lorsqu'il est poète, M. Maxime
Du Camp ne s'attarde jamais dans la rêverie. Il
veut qu'on soit de son temps, et que la muse,
au lieu de bayer aux étoiles, enfermée dans sa
tour d'ivoire, la guitare à la main, se mêle à la
foule, chante l'industrie et les labeurs de l'homme,
les découvertes de la science, les merveilles qu'ac-
complit la matière domptée par l'esprit. Il estime
que la bobine, le télégraphe et la locomotive sont
aussi dignes d'être chantés que les pâles clartés de la
lune ou les éblouissements du soleil couchant. C'est le

caractère essentiel du talent de M. Maxime Du Camp et sa note persistante au milieu de ses variations, que cette horreur du lieu commun, du bavardage vide, de la virtuosité, de l'art pour l'art. Il ne se paye ni de mots, ni de formes, ni de couleurs ; il lui faut des idées et des faits.

II

M. Maxime du Camp a recueilli la succession académique de M. Saint-René Taillandier. Quel contraste entre la vie de ce pur lettré, vie tout intellectuelle et toute spéculative, et cette existence agitée au dehors comme au dedans, errante à travers les hommes et les idées, mêlée d'une façon active à tant d'événements, à tant d'aventures, qui fut, dès le sortir du collège, celle de M. Maxime du Camp !

Sa séance de réception excitait vivement la curiosité, d'abord à cause de la personnalité célèbre du récipiendiaire, dont la figure est beaucoup moins connue que ses écrits, puis parce qu'il courait un bruit vague de quelque manifestation semblable à celle de M. Olivier Pain à l'inauguration de la dernière statue de M. Thiers, contre l'homme qui a l'honneur d'avoir concentré sur sa tête toutes les haines et toutes les fureurs de la Commune, pour avoir raconté ses actes, peint ses héros tels qu'ils furent, et prononcé sur elle le jugement inflexible de l'histoire. Hâtons-nous d'ajouter que l'événement a déçu cette crainte, ou cette espérance, et que la tranquillité de la séance n'a été troublée que par le bruit des applaudissements.

Avec sa tête haute, son air résolu, sa parole sonore, M. Maxime Du Camp est bien l'homme de ses écrits, et sa vue ne dément point l'idée qu'on s'en peut faire en le lisant. Peut-être M. Saint-René Taillandier n'a-t-il pas trouvé en lui l'appréciateur et le panégyriste qu'un personnage aussi essentiellement académique était en droit d'espérer à l'Académie. Je ne sais si je me trompe, mais j'ai cru sentir çà et là dans son discours une certaine contrainte, une certaine *difficulté d'éloge*, et il m'a semblé qu'il montrait beaucoup d'empressement à se jeter dans des hors-d'œuvre, comme la digression sur M. Buloz et la *Revue des Deux Mondes*. Il avait une tendance visible à s'échapper sans cesse par la tangente. Évidemment cet esprit tout moderne, de vive allure, dont la plume ressemble tantôt à un scalpel et tantôt à une épée, mais toujours à quelque chose de tranchant, et qui, même en écrivant des romans ou des vers, car il a touché à tout, ne se départ jamais de son attitude batailleuse, n'était pas précisément fait pour apprécier dans toute leur étendue et pour louer dans la mesure complète de leurs mérites les qualités propres à M. Saint-René Taillandier et les rares services qu'il a rendus à la littérature. Il a fait un effort sincère pour y arriver, et il y est parvenu souvent, en suppléant à son goût personnel par son intelligence; mais il paraît bien avoir senti lui-même cette inaptitude, et çà et là il s'en est excusé avec bonne grâce, en saisissant l'occasion que lui offraient la vie et l'esprit également réglés de son prédécesseur, pour faire un retour sur lui-même et esquisser une amende honorable de ses erreurs juvéniles :

« Dans ce poème de *Béatrix*, dit-il en parlant de la première œuvre de M. Taillandier, dans la préface qui le précède, je le trouve déjà semblable à lui-même, calme, maître de lui, respectueux des traditions respectables et n'écrivant jamais rien dont plus tard il pourrait se repentir. Tous nous n'avons pas été ainsi aux jours des premiers emportements de la jeunesse, et j'en pourrais citer un qui, depuis longtemps, a fait son acte de contrition et auquel vous avez prouvé, messieurs, que vous pratiquez sans effort l'oubli des injures. Pour savoir résister aux ardeurs de la virilité qui s'affirme, il faut avoir la double vertu du caractère et du talent fortifiés par l'étude et mûris par la méditation. »

Et plus loin, après avoir revendiqué pour la maturité de l'âge le droit de bénéficier du raisonnement et de l'expérience, il s'écrie encore, avec un sentiment d'admiration mêlée de regret :

« A quelque distance qu'il fût de son point de départ, il put voir le chemin parcouru, car la ligne fut toujours droite ; il marcha avec la sécurité d'un homme qui, connaissant le but, ne le perd jamais des yeux. Aux derniers jours de sa vie, il put relire les œuvres de sa jeunesse et ne point les désapprouver. Heureux ceux qui sont nés sages, que leurs passions n'ont jamais égarés, et que leur équilibre naturel écarte de toute erreur ! Edgar Quinet a dit un jour : « Nous avons conquis le champ de la science du bien et du mal ; il faut choisir ! » M. Taillandier n'eut pas à hésiter ; il choisit le champ du bien, et, jusqu'à l'heure suprême, il le cultiva. »

On devinerait à ces passages, quand même on ne le saurait pas, que M. Du Camp n'était point né académicien. Suivant la spirituelle expression de M. Caro, il est revenu de loin à l'Académie. Quand, avec la fougue de l'âge et du tempérament, il mêlait, dans la préface des *Chants modernes*, au manifeste d'une nouvelle école toute physique et toute industrielle, les diatribes les plus virulentes contre l'illustre compagnie dont il demandait la dissolution, on ne prévoyait guère, et lui moins que personne, qu'il dût s'y présenter un jour et y être reçu d'emblée, pas plus qu'on n'eût osé prévoir, lorsqu'il caracolait au milieu des Mille, qu'un jour viendrait où il serait un objet d'horreur pour tout radical et même pour la plupart des républicains. Je fais honneur de cette conversion en partie double à la lucidité, à la sincérité et au bon sens foncier de cet esprit troublé d'abord par toutes les ardeurs d'une adolescence indiciplinée. M. Du Camp, je l'ai dit, est le fils d'un chirurgien, et il y a du chirurgien en lui : il a l'œil clair, l'intelligence nette et la main ferme; il regarde les choses bien en face, et il les fouille ; il professe la méthode positive et expérimentale. Il mêle volontiers, trop volontiers même, à mon sens, la physiologie à la psychologie. C'est un esprit libre de toute attache et de toute servitude. Une première fois, en 1848, il avait vu une révolution de près et fut surtout stupéfait, c'est lui qui le dit, de sa prodigieuse bêtise. J'imagine que cette première impression fut peu modifiée par le spectacle des chemises rouges auxquelles sa curiosité et son besoin d'action le mêlèrent en amateur vers le milieu de l'empire. Elle fut ravivée et considérablement accrue par les événements de 1871, d'une bouffonnerie si lugubre. On sait avec quelle décision, inséparable de son caractère, avec quelle surabondance de preuves, quelle étendue et quelle exactitude d'informations il a mis dans tout son jour, non seulement la scélératesse, mais l'effroyable sottise de la Commune. Peut-être les hommes d'État que l'amnistie nous a rendus lui pardonneraient-ils d'avoir démontré — après eux — qu'ils furent de sinistres gredins, s'il avait seulement voulu leur concéder qu'ils n'étaient pas avant tout ignorants et ineptes.

La vie de M. Saint-René Taillandier, si unie et si calme qu'elle ait été, eut pourtant sa tempête, et M. Du Camp allait s'y retrouver dans son élément. On se souvient de la bruyante et ridicule émeute qu'eut à subir, dans la salle Gerson, l'éminent professeur de Sorbonne, pour n'avoir pas traité la Terreur avec une considération suffisante. M. Saint-René Taillandier, l'esprit le plus équilibré, le plus pondéré, le plus modéré par nature et par habitude, conduit par le développement régulier de son cours sur le terrain de la Révolution, avait exprimé en paroles mesurées et correctes l'opinion de tous les honnêtes gens sur Robespierre, qu'il rencontrait au passage. Non contents d'exciter contre lui les colères de la jeunesse des écoles, les fous furieux du radicalisme l'avaient violemment dénoncé pour un tel attentat aux foudres du pouvoir, et quelques *libéraux* s'étaient même joints à eux, pour reprocher tout au moins au professeur d'être sorti de son terrain en parlant politique. Si l'on disait que Louis XVI est un tyran, Marie-Antoinette une Messaline, et que leur mort sur l'échafaud n'est qu'une trop juste expiation de leurs crimes, ce ne serait pas de la politique ! Mais dire que Robespierre a fait l'horrible loi du 22 prairial et qu'il a envoyé bien des gens à la guillotine, c'est de la politique.

Comme toutes les agitations factices, cette petite révolution d'école, où éclata avec une virulence tragi-comique l'indignation furibonde des étudiants qui n'étudient pas, dura peu, et bientôt les applaudissements du vrai public de M. Saint-René Taillandier le vengèrent de cette ridicule équipée. Les deux premiers *étudiants* arrêtés dans la bagarre, lorsque, suivant la tradition révolutionnaire, l'intelligente jeunesse alla se ruer contre la porte des jésuites pour les punir de ce qu'un professeur de l'Université avait mal parlé de Robespierre, se sont trouvés être un rédacteur du *Radical* et un journalier de Belleville : indice significatif, qui suffirait à réduire cette manifestation à sa valeur.

Messieurs les élèves en pharmacie s'étaient particulièrement signalés en cette occurrence. Ces jeunes émules de M. Purgon avaient affiché dans leur école un manifeste dont la violence véritablement sauvage contrastait d'une façon singulière avec la nature anodine de leur profession. Ce n'est pas la première fois que nous avons l'occasion de remarquer cette férocité de la pharmacie contemporaine. Les apothicaires abondent parmi les radicaux. Notre conseil municipal en possède quatre ou cinq. Qui eût cru que la fabrication des juleps et des clystères pût exaspérer le caractère à ce point ? « Ce sera une lutte qui n'aura peut-être pas toujours les amphithéâtres pour champ de bataille, — lutte terrible, — rugissaient en brandissant leurs armes ces pharmaciens farouches... Pour la première fois, l'école de pharmacie est sortie de chez elle; pour la première fois, elle a eu le courage d'attaquer le cléricalisme chez lui; elle a prouvé à la contre-révolution qu'elle était ferme et inébranlable dans ses convictions et qu'elle savait les soutenir en tous lieux et en toutes circonstances. » On sait quels sont les lieux et les circonstances où les pharmaciens ont à soutenir leurs convictions. Mais peste ! il ne s'agit plus d'un remède bénin, et c'est pour le coup que M. de Pourceaugnac n'aurait pas assez de toutes ses jambes pour fuir devant ces instruments redoutables chargés au picrate de potasse. Il est réservé à la comédie contemporaine, qui pousse tout à outrance, de nous montrer ce bon M. Fleurant devenu libre-penseur et terroriste. Jeunes gens, apprenez l'art de faire des lochs et des cataplasmes; ne confondez plus le codex avec les droits de l'homme et rappelez-vous que la première qualité d'un étudiant en pharmacie c'est d'étudier la pharmacie.

Cet épisode a inspiré à M. Maxime Du Camp de fières paroles :

« A certaines époques, il est imprudent d'aimer la vérité et il est parfois périlleux de la dire. Cela ne doit pas arrêter l'historien. « La violence n'a qu'un » cours borné, a dit Pascal, au lieu que la vérité sub- » siste éternellement ! »... Aux gens timorés qui lui reprochèrent d'avoir abordé des questions redoutables, il répondit qu'il est toujours opportun de dire la vérité, à tout risque, à tout péril ; — et il eut raison. »

En écrivant cette protestation, M. Du Camp pensait à M. Saint-René Taillandier ; en les écoutant on pensait à lui. C'est à son propre courage que s'adressaient les bravos soulevés par le tableau du courage de son prédécesseur. Des applaudissements longuement répétés ont fait une application rapide et foudroyante du passage suivant, qui passait au-dessus du public pour atteindre plus loin et plus haut :

« La liberté telle que la concevait M. Taillandier, telle que la conçoivent les âmes désintéressées, n'est pas l'apanage d'un homme ou d'une faction elle est le droit de tous ; elle respecte les actes émanés de la conscience, elle laisse chacun prier Dieu à sa guise, elle n'intervient pas dans la famille, et, sous prétexte de protéger une des manifestations de la pensée humaine, elle ne persécute pas les autres. Volontiers il eût dit : « La liberté est le » pouvoir qui appartient à l'homme d'exercer à son » gré toutes ses facultés; elle a la justice pour » règle, les droits d'autrui pour bornes, la nature » pour principe et la loi pour sauvegarde. » Messieurs, cette définition a été donnée par Saint-Just ; aujourd'hui elle parait oubliée. »

L'auditoire a remarqué encore et salué au passage un bel éloge des années heureuses et du grand mouvement intellectuel de la Restauration, ainsi qu'une profession de foi spiritualiste et chrétienne, qui a dignement terminé sa harangue. Puis M. Caro a pris la parole. Il n'est pas possible de lire avec un art de diction plus parfait un discours où plus de pensées fines, délicates, élevées, soient exprimées en un meilleur style. Tout d'abord, il trace de main de maître un portrait littéraire et moral du nouvel académicien:

« C'est ainsi que je me figure un de ces hommes du seizième siècle, tour à tour artiste et soldat, écrivain et voyageur, partant un beau jour pour des expéditions lointaines, frappant d'estoc et de taille sur les Turcs et sur les Maures; puis, après ces grands combats menés avec fracas de par le monde, revenant au pays, dans quelque manoir de France, suspendant sa dague à la panoplie et prenant la plume pour tracer une chronique amoureuse ou guerrière à la façon du seigneur de Brantôme. N'est-ce pas, à la distance de trois siècles, un de ces hommes que j'ai devant moi : tempérament d'artiste, avec quelques gouttes de sang espagnol dans les veines, mobile d'humeur, fantasque d'esprit et de goût, livré à toutes les tentations de l'inconnu, à tous les prestiges d'un idéal un peu confus, jusqu'au jour où la turbulence des nerfs s'apaise, où l'inquiétude d'imagination se règle, où le talent se dégage dans des œuvres définitives, mieux appropriées à cette maturité de l'âge qui atteint aussi sûrement les plus hardis voyageurs aux extrémités de la terre, que le philosophe tranquillement assis dans son fauteuil, au coin du feu. »

Revenant ensuite plus à loisir à cette première esquisse, il l'achève peu à peu par des touches nouvelles et vivantes, non sans relever ses éloges de quelques épigrammes courtoises dont il prend soin d'émousser la pointe, alors même qu'il la fait sentir. Somme toute, M. Maxime Du Camp, qui est un homme d'esprit et de sens, doit s'estimer heureux, après sa confession publique, d'en être quitte pour une pénitence si douce, et à meilleur compte que l'Académie elle-même n'en avait été quitte autrefois avec lui. Si les interruptions étaient en usage dans les séances de réception, j'imagine qu'à cette phrase de

M. Caro : « Vous resterez un exemple mémorable de l'imprudence qu'il y a, quand on est jeune, à dire du mal de l'Académie », il eût été tenté de répondre : « L'exemple est mémorable sans doute, mais pour rassurer les coupables plutôt que pour les inquiéter, car il prouve que le crime de lèse-Académie n'est nullement rédhibitoire ; non seulement, il n'a point empêché mon élection, mais il ne l'a même pas retardée d'un jour, et vous avez eu l'attention délicate de mêler tant de feuilles de roses aux verges dont vous m'avez fouetté, qu'on s'exposerait volontiers à pécher encore pour en être puni d'une façon si spirituelle et si douce. Demandez plutôt à ceux qui ont attendu plus longtemps que moi et qui attendent toujours à votre porte sans avoir à expier aucun manque de respect. »

Le genre des discours de réception est en train de se transformer. A en juger par les deux qu'il a prononcés jusqu'à présent sous la coupole du palais Mazarin, et plus encore par le second que par le premier, M. Du Camp n'aura pas médiocrement contribué à accentuer cette transformation, depuis longtemps commencée. Rien de plus vif, de plus alerte et de plus vibrant que sa réponse au poète de *Justice*. Les souvenirs personnels, les allusions piquantes, les épigrammes sonores et belliqueuses abondaient dans cette harangue, dont la verve vaillante, le viril entrain, l'allure nette et franche du collier ont ravi le public. Même à l'Académie, M. Du Camp n'est pas l'homme des sous-entendus et il ne craint point de prendre le taureau par les cornes : « Pourquoi, a écrit Vauvenargues, appelle-t-on académique un discours fleuri, élégant, ingénieux, harmonieux, et non un discours vrai et fort, lumineux et simple ? » Il ne tiendra pas à l'auteur de *Paris* et des *Souvenirs littéraires* que le sens du mot ne change, et qu'à la prochaine édition du Dictionnaire, il ne faille refaire la définition de l'adjectif *académique*.

LE PÈRE DIDON

8 novembre 1879.

Le jour de la Toussaint, le Père Didon a commencé à Saint-Philippe-du-Roule sa station annuelle de l'Avent. Il a choisi cette année un sujet délicat, brûlant, d'une actualité presque redoutable : le mariage et le divorce. Les sujets brûlants n'effrayent pas cette nature ardente et simplement hardie. Il pense qu'en sa qualité de moraliste chrétien, nul n'a plus que lui le droit et le devoir de mettre le doigt sur la plaie saignante. Nous sommes dans une ville et à un moment où le prédicateur ne doit pas se dérober devant le conférencier profane, où il faut qu'il marche droit aux problèmes sociaux et les attaque de face.

Le P. Didon n'est pas dans Vapereau : la dernière

édition de Vapereau date de 1870 [1]; en ce temps-là, l'étoile montait déjà au ciel, mais elle n'était pas encore à son zénith. J'ai cherché dans Larousse, — qui m'a prodigué les renseignements sur Didon, reine de Carthage.

Nous allons suppléer à cette lacune.

Henri Didon est un Dauphinois. Il naquit dans un chef-lieu de canton du département de l'Isère, au bourg du Touvet, le 17 mars 1840, d'une bonne famille bourgeoise. Disons, pour ceux qui aiment les points sur les *i*, que son père était huissier. Il a encore sa mère, restée au village, et pour laquelle il professe un véritable culte. Je suis sûr que le P. Didon, comme presque tous les hommes éminents, tient de sa mère. Il a eu trois sœurs, mortes toutes trois, et il est resté fils unique. Lui-même était d'une santé délicate et semblait prédestiné à la mort des poitrinaires. Qui s'en douterait aujourd'hui ? La nature a de ces caprices et l'amour maternel produit de ces miracles. Un jour, il vit passer dans les rues de Grenoble la robe blanche d'un dominicain, et la première idée de sa vocation s'éveilla en lui : « Maman, dit-il, voilà comme je veux être. » L'homme a tenu parole à l'enfant.

A huit ans, il entra au petit séminaire de Grenoble.

---

1. Il a pris place dans le supplément de la cinquième édition (1880).

Ce fut un brillant élève, surtout en philosophie. A chaque distribution de prix, il faisait une moisson de couronnes. En 1861, il était à Rome, achevant ses études au couvent de la Minerve. La même année, il revint en France, et Lacordaire, déjà mourant, le désigna comme professeur de philosophie au noviciat de Saint-Maximin. Il avait vingt et un ans. Le P. Didon entrait dans la carrière au moment même où ce grand aîné en sortait. C'est ainsi que les coureurs de Lucrèce se transmettent le flambeau de l'un à l'autre. Mais si le P. Didon a connu Lacordaire, il ne l'a jamais *entendu*.

A cette date encore, il était d'apparence si étriquée et de santé si chétive, qu'on le croyait destiné pour toujours à l'enseignement et pour jamais exclu de la prédication. Les dominicains observent une abstinence perpétuelle, régime qui semble peu fait pour affermir les constitutions délicates. Cependant, en 1867, nous trouvons le P. Didon prêchant le carême à Saint-Jacques-du-Haut-Pas, et déjà signalé par les Leverrier qui se consacrent à la découverte de tous les astres naissants. Je l'entendis, pour la première fois, l'année suivante, à Saint-Germain-des-Prés, dans un discours qu'il a publié sous ce titre : *Qu'est-ce qu'un moine ?* et qui est resté l'une de ses plus belles œuvres. Je fus frappé au plus haut point de cette éloquence pleine d'âme, de logique et de vigueur, et pendant quinze jours, j'imitai La Fontaine demandant à tous ses amis s'ils avaient lu Baruch.

En 1868 et 1869, le P. Didon est à Nancy, où il fait des conférences pour les hommes. Pendant la guerre, il soigne les blessés à Metz. De 1871 à 1876, ses carêmes provoquent à Marseille un enthousiasme tout méridional; on s'étouffe aux portes de Saint-Joseph, et des spéculateurs peu scrupuleux mettent leurs places aux enchères. C'est pendant cette période que le P. Didon s'en alla faire à Toulon, sur la libération du territoire, un discours qui n'est pas encore oublié. Comme Lacordaire, comme tous les dominicains, le P. Didon a une note patriotique particulièrement vibrante. L'auditoire se leva et des applaudissements éclatèrent. Mais ce qui vaut mieux, c'est que, lorsqu'il parcourut les rangs pressés de l'assistance pour donner une conclusion pratique à son discours, les pièces d'or et les bijoux tombèrent de toutes parts dans sa bourse. La quête produisit soixante mille francs. J'en crois volontiers les témoins d'une éloquence qui vident leur porte-monnaie et jettent leurs boucles d'oreilles dans le plateau du quêteur.

C'est en 1877 que le P. Didon revient à son point de départ, à Paris, — cette fois sans doute pour ne plus le quitter. A Saint-Roch ou à Saint-Philippe-du-Roule, sa renommée n'a fait que grandir. Elle semble battre son plein aujourd'hui ; je crois pourtant qu'elle montera encore.

Allons voir maintenant le P. Didon chez lui.

Connaissez-vous la rue Jean-de-Beauvais[1] ? Elle pousse jusqu'au boulevard Saint-Germain, dans les environs de la place Maubert, un tronçon horrifique, qui ressemble à la plus étroite, à la plus sombre des ruelles du moyen âge. Vous montez un escalier gluant, et vous débouchez presque en face d'un grand bâtiment dont une vieille chapelle gothique, à façade étroite, surmontée d'un clocheton grêle, occupe le centre. Cette chapelle est tout ce qui reste de l'illustre collège de Beauvais, où trôna le redoutable pédant Jean Grangier, où fut élevé Cyrano de Bergerac. Mais passons : nous n'avons pas le temps de nous arrêter.

On franchit le vestibule, on longe un joli jardinet qu'entoure, sur deux côtés, un cloître couvert. Au premier étage, tout au fond du couloir, voici une porte surmontée de l'inscription : B. Albert le Grand (chaque cellule est placée sous le patronage d'un bienheureux de l'ordre). C'est là. Un petit tableau accroché à la porte nous indique, au moyen d'une cheville piquée dans un trou vis-à-vis le mot *confes-*

---

1. Qu'on n'oublie point que ce portrait date du mois de novembre 1879.

sionnal, que le Père est absent. Entrons vite, avec l'indiscrétion naturelle à tout bon chroniqueur.

En sa qualité de prieur, le Père a deux cellules : la première, grande comme une nappe ; c'est le salon ; la seconde, grande une serviette ; c'est la chambre à coucher. Le salon possède quatre chaises de paille et un fauteuil, — de paille également. Sur la cheminée, une pendule de marbre noir surmontée d'un pauvre buste de Lacordaire ; aux murs, un vieux petit portrait sur cuivre de saint Dominique, la *Vierge de la délivrance* d'Hébert, la *Sainte Monique* d'Ary Scheffer, les portraits de Savonarole et de Fra Angelico, — l'aigle et la colombe, — de belles photographies d'après les chefs-d'œuvre de Fra Bartholomeo. C'est un petit musée dominicain. Dans un coin, sur le haut cartonnier, près d'une statuette de la Vierge, un crâne et un cerveau. Le crâne est vrai, le cerveau est en pâte durcie. Voilà déjà un aperçu des études du Père. Retournez-vous vers la bibliothèque, derrière le bureau, et vous allez en voir bien d'autres.

Le P. Didon lit tout, — même *Nana*, — il le faut. Rien ne lui échappe du mouvement littéraire, artistique, politique et social. Il est de son temps, il demeure en communication avec lui ; bien des contemporains célèbres se sont assis sur la chaise ou le fauteuil de paille de sa cellule, depuis

M. Alexandre Dumas jusqu'à M. Pasteur. Il y a donc dans sa bibliothèque une partie mobile, qui se renouvelle sans cesse. Un secrétaire est chargé de le tenir au courant de tout ce qui passe en faisant du bruit. On ne l'accusera pas de combattre sans connaître l'ennemi, ni de vouloir guérir sans avior étudié le malade.

En dehors de ces volumes de passage, je ne vois qu'un poète : Victor Hugo. Il est presque au complet : le P. Didon aime la force. Tout le reste se compose de philosophes ou de savants : à côté de la *Somme*, les œuvres de Rosmini, pour qui le Père professe la plus haute estime ; puis la *Réforme sociale* de Le Play, la *Chimie* de Wurtz, les œuvres de Claude Bernard, celles de Lavater, Duruy, Max Muller, Vacherot, Pouchet, Gratiolet, Littré, Nourrisson, Paul Janet, Renan, Strauss, Lyell, Carl Vogt, Herbert Spencer. Comme Mithridate, il se nourrit de poisons. Pour ses conférences sur le mariage et le divorce, je répondrais qu'il a tout lu, même, — surtout, — M. Naquet.

Continuons effrontément à faire œuvre de *reporter* et passons à la chambre à coucher : un lit de fer, deux chaises, un miroir à barbe, large comme une main de femme ; sur la cheminée, au-dessous du grand rucifix, une belle photographie de Claude Bernard, don de l'illustre savant, dont il se glorifie d'avoir été le disciple et l'ami. Sur le mur j'aperçois, fixée avec quatre clous, une feuille de papier où il a écrit au crayon le plan de la première conférence qu'il se propose de faire prochainement à la jeunesse, sur la *Rénovation des études philosophiques*. Le Père prépare un discours en se promenant, et, en quelques coups de crayon, il en construit la maquette sur la muraille.

Il est de la race des improvisateurs; nous n'avons besoin de le dire à aucun de ceux qui l'ont entendu. Debout dans la chaire, qu'emplit bien sa stature moyenne, et où sur le froc blanc se détache sa figure régulière et mâle, à la chevelure noire, aux tempes pleines, au sourcil énergique, il tient tout son auditoire dans sa main, il en perçoit nettement chaque impression, il s'en inspire et, suivant le besoin du moment, il avance ou recule, il masse son infanterie, il lance sa cavalerie légère, il fait donner sa réserve.

Dans cet immense auditoire, qui plusieurs heures d'avance ne laisse pas une place libre, il y a bien des éléments disparates et qui s'étonnent de se rencontrer. Les profanes abondent, il faut le reconnaître, et les loups paissent avec les brebis. Le fidèle se trouve un peu noyé dans les flots d'indifférents, de curieux, de sceptiques, de mécréants attirés par la vogue du prédicateur. Peut-être n'est-il pas mauvais que la mode entraîne de temps en temps aux églises ceux que la dévotion n'y conduirait jamais, et leur permette ainsi d'entendre des paroles qu'ils n'entendraient pas ailleurs.

Bien que le P. Didon soit un conférencier chrétien plutôt qu'un prédicateur, que la théorie tienne une grande place dans ses discours, qu'il emprunte la plupart de ses arguments à la philosophie et à la science, afin de combattre l'adversaire par ses propres armes, il n'a rien d'abstrait. Il attaque celui-ci dans ses positions actuelles; il n'ignore et ne dissimule aucune de ses forces. Son éloquence, personnelle, pleine de mouvement, portant au plus haut point le caractère de l'improvisation, visant plus à la force qu'à la grâce, parfois même un peu abrupte et inachevée, s'inspire sans cesse des impressions de l'auditoire et des nécessités du moment. Aussi la presse s'occupe-t-elle des conférences du P. Didon avec une sorte de passion, autant qu'elle l'a jamais fait d'une discussion à la Chambre; il est devenu la proie des chroniques et des controverses; chacun de ses discours est cité, analysé, discuté, applaudi, réfuté dans douze ou quinze journaux dont la plupart n'ont guère l'habitude d'aller au sermon. M. Naquet, l'apôtre ambulant du divorce, lui répond par des lettres publiques, et M. Émile de Girardin par des premiers-Paris. *Le*

Figaro le cite ; *le Moniteur* et *le Gaulois* le reproduisent *in extenso; l'Événement, le Rappel, le Voltaire, le XIXe Siècle*, etc., le raillent ou l'injurient ; les journaux en vogue exposent son portrait dans leurs salles de dépêches.

C'est par la décision avec laquelle il aborde les problèmes les plus délicats et les plus brûlants, que le P. Didon a conquis sa popularité. Le signe distinctif de son éloquence, c'est la vigueur. La voix, forte, servie par une diction et une articulation excellentes, remplit sans peine la grande église. Le geste répété de la main droite semble asséner l'argument, pour le faire pénétrer dans l'esprit à coups réitérés. Je l'exhorterais volontiers à ne pas craindre de sacrifier aux grâces. Mais j'y pense : c'est précisément cette énergie un peu rude qui lui permet de s'embarquer sans crainte et sans péril en un pareil sujet. On sent bien que ce n'est point un pleurard à nacelle, qu'il ne vient pas jouer de la mandoline en regardant les étoiles, qu'il passera devant les sirènes sans s'arrêter. On sent qu'on n'a pas affaire à Loyson II.

Le P. Didon est réglé dans ses emportements. Il reste toujours maître de sa parole et il ne dit que ce qu'il a voulu dire. Mais, je l'avoue, ce qu'il dit semble parfois audacieux. Il a des hardiesses de pensée et de style, comme tous les esprits originaux. Ce prédicateur, aux viriles franchises, qui s'est trempé dans la science comme Achille dans le Styx, qui prend des idées modernes tout ce que l'Évangile et l'Église ne lui ordonnent pas d'en rejeter, est fait pour inquiéter les esprits timides et les scrupuleux amis de la tradition. Le fond est sévèrement orthodoxe, la forme ne l'est pas toujours. Personne ne l'accusera du moins ni d'endormir son auditoire, ni de combattre l'erreur avec des armes de parade, depuis longtemps émoussées et toujours les mêmes[1].

---

1. On sait que le P. Didon, condamné momentanément au silence et à une retraite lointaine, s'est honoré par la soumission parfaite avec laquelle il a obéi à la décision de ses supérieurs. Nous espérons qu'il se retrempera dans cette épreuve et que les méditations de la solitude donneront à son esprit une maturité féconde en fruits savoureux.

GAVARNI

L'HOMME ET L'ŒUVRE

18 novembre 1873.

MM. Edmond et Jules de Goncourt, grands curieux, comme chacun sait, ont lu beaucoup de choses, mais je crains qu'ils n'aient point lu La Fontaine, trop simple peut-être et trop bonhomme pour eux. Ne leur a-t-on jamais fait apprendre par cœur la fable dixième du livre VIII, qui se termine par ce judicieux distique :

> Rien n'est plus dangereux qu'un ignorant ami ;
> Mieux vaudrait un sage ennemi.

Je les engage à méditer cet axiome, que je voudrais justement inscrire pour épigraphe sur la couverture de leur livre[1], en remplaçant le mot *ignorant*, qui n'est pas ici de mise, par une épithète comme *imprudent* ou *maladroit*. Rien n'est plus dangereux qu'un

1. H. Plon, 1 vol. in-8°.

imprudent ami — sinon deux imprudents amis ; — et je me demande si, dans l'esprit de ceux qui liront ce piquant et triste volume, Gavarni se relèvera aisément du coup qui lui est porté. On ne saurait lancer un pavé à la face d'un homme avec des façons plus coquettes et dans un but plus affectueux, mais le pavé n'en est pas moins lourd et l'homme n'en demeure pas moins écrasé.

Qu'est-ce que Gavarni, pour ceux qui le connaissent seulement par son œuvre? Le plus spirituel et le plus sémillant, le plus fin et le plus vrai parmi les peintres des mœurs contemporaines, et spécialement de la vie parisienne. Gavarni était l'ironie légère, l'observation rapide, la clarté mordante, si je puis ainsi dire, la verve alerte et toujours en éveil ; un art exquis, charmant, naturel, raffiné, portant dans sa désinvolture la plus incroyable justesse de gestes, d'attitude et d'expression, cachant une science profonde sous les apparences d'une improvisation continue. Qui n'a feuilleté cent fois cette vivante galerie où la fantaisie donne des ailes au réalisme ; ces amusantes épigrammes qui pétillent comme la mousse du vin de Champagne; ces comédies qu'achève une légende acérée, où la plume rivalise de vivacité avec le crayon ; ce kaléidoscope si amusant, si varié, si fécond, avec ses milliers de figures jetées de verve, esquissées (ce semble) en un tour de main, élégantes, sveltes, hardiment campées, sincères comme des photographies, personnelles comme des œuvres d'art ?

Sans doute cette comédie avait bien des scènes frivoles, et Gavarni pouvait paraître plus d'une fois le complice de la corruption élégante et des vices joyeux dont il retraçait la peinture. Mais sa Muse court-vêtue, comme la Perrette de La Fontaine, ou comme un de ces débardeurs de l'Opéra dont elle a si souvent croqué la mutine silhouette, nous paraissait plutôt légère qu'effrontée, et il se dégageait de tout cela un tel rayonnement de gaieté, de jeunesse et de vie que le moraliste le plus morose ne pouvait s'empêcher de sourire.

Il ne tiendra pas à MM. de Goncourt qu'il n'en soit plus de même à l'avenir. En soulignant de leurs commentaires indiscrets et de leurs révélations déplaisantes chaque scène de « cette ample comédie aux cent actes divers, » ils ont tout fait pour en dénaturer le caractère, pour en alourdir et en gâter la physionomie. Ces ingénieuses lithographies prennent une amertume singulière et une signification pénible : elles ont chacune maintenant sa légende empruntée à la vie de l'auteur ; elles portent des noms propres trouvés dans ses Mémoires secrets. Les Nini, les Clara, les Amanda, madame de Saint-Aiglemont, madame Cocardeau, toutes ces figures des *Gens de Paris*, des *Fourberies de Femmes*, de la *Vie de jeune homme*, c'est Louisa, c'est Adèle, c'est Nathalie, celle de 1834, celle de 1835, celle de ce soir, celle de la nuit dernière, les anciennes avec les nouvelles, toutes les misérables créatures sur lesquelles cet homme à femmes, suivant l'affreux mot employé à plusieurs reprises par ses compromettants biographes, faisait ses études *in animâ vili*, et qu'il rejetait au ruisseau, après les avoir soigneusement étiquetées dans le livret de ses bonnes fortunes, pour continuer sur d'autres le cours de ses expériences. Gavarni n'est plus l'artiste charmant, qui reste délicat même en se faisant trivial, et sauve ses hardiesses à force d'esprit et de belle humeur, mais un carabin sceptique et goguenard qui dissèque ses maîtresses sur la planche d'un amphithéâtre. Chaque fois qu'il prend le crayon, c'est pour écrire un chapitre de sa biographie, et ces dessins que nous admirions sans arrière-pensée revêtent la physionomie répugnante de confidences de mauvais ton criées sur tous les toits.

Guillaume-Sulpice Chevalier, qui emprunta plus tard aux Pyrénées le nom qu'il devait rendre illustre, naquit le 13 janvier 1804, en plein cœur de Paris, comme il sied pour un artiste si essentiellement parisien. Sa mère paraît avoir été une femme d'une certaine distinction : elle était la sœur du peintre et bouffon Thiémet, dont les scènes d'imitation avaient égayé les jardins publics du Directoire, et que connaissent tous ceux qui ont parcouru les chroniques de la fin du dix-huitième siècle. On sent là, plus qu'on ne pourrait l'expliquer nettement, les origines artistiques de Gavarni, et il n'a sans doute pas fait mentir l'observation générale qui attribue au sang maternel la part principale d'influence sur les aptitudes des hommes célèbres. Son père était un tonnelier qui avait joué un rôle subalterne sous la Révolution et s'était même vu compromis au 9 thermidor. Malgré cette double tradition, à la fois plébéienne et révolutionnaire, Gavarni fut toujours un aristocrate de goût, de tempérament, d'opinions, très résolûment ennemi de la populace, dont la parole sarcastique perçait à jour les tartufes politiques, les exploiteurs de démocratie, les grands prôneurs des droits de l'homme. Mais c'était un de ces conservateurs inconséquents qui ébranlent eux-mêmes ce qu'ils veulent défendre, qui font la guerre à la révolution en lui fournissant des armes, qui criblent de quolibets, d'épigrammes, de coups de langue, de coups de crayon et de coups de plume, l'ordre social dont ils sont les champions, et qui, après avoir ridiculisé le bourgeois, hué le prêtre et bafoué le gendarme, s'indignent contre la canaille lorsqu'elle tire sur le gendarme, tue le prêtre et pille le **bourgeois.**

Ce seraient là de bien grandes phrases et de bien gros mots, s'il ne s'agissait que des images de Gavarni ; mais il s'agit, ne l'oublions pas, des révélations de ses biographes. En nous faisant connaître l'*homme* sans aucune réticence, d'après leurs souvenirs intimes et les fouilles exécutées dans ses moindres paperasses, ils prétendent nous expliquer l'*œuvre*, et ce sont eux qui nous entraînent sur ce terrain. Il faut donc bien dire que la raison, chez Gavarni, n'était pas d'accord avec son instinct, et que cet étrange conservateur, qui se proclamait anticatholique, matérialiste et athée, n'était au fond qu'un homme de plaisir, poursuivant d'une haine égale tout ce qui pouvait contrarier son bien-être: le révolutionnaire par les armes, le prêtre par d'importunes paroles de devoir et d'autre vie.

Gavarni ne fut pas un enfant prodige. Ses premiers essais, passablement tardifs, n'annonçaient en rien le talent si original qu'il devait montrer plus tard. C'est, par exemple, une espèce de cauchemar polisson, scatologique et enfantin, album d'étrennes fantastiques fabriqué pour le premier jour de l'an 1825. C'est encore, dix-huit mois plus tard, de pauvres dessins faits par lui d'après les Pyrénées, qu'il était allé voir, et pour lesquelles il se sentait pris d'un amour malheureusement stérile ; « de misérables petites mines de plomb d'un élève de Thénon, des paysages d'une sécheresse et d'une aridité désolantes, avec des maisons au tire-ligne et des arbres feuillés avec des petits 3 : des bouts de papier couverts de petits traits presque invisibles, qui ressemblent à des décalques topographiques sur le papier végétal... Il semble que l'artiste n'ait qu'un crayon pointu, taillé en aiguille, donnant de tout le grandiose de ce pittoresque (style de MM. de Goncourt) le trait mince et mécanique d'un pantographe ».

Ses aquarelles et ses sépias sont également d'une timidité froide, ennuyeuse, presque affligeante. Cela tient sans doute à l'insuffisance de la première éducation artistique de Gavarni, mais aussi à la nature de son esprit et à celle de son talent, qui devait se former par une persévérance opiniâtre, par des observations assidues, par une volonté laborieuse; qui est un talent de composition et de réflexion plus que de tempérament. Observons, d'ailleurs, qu'il était difficile de se tromper plus complètement sur ses aptitudes et sa vocation que ne le fit Gavarni à ses débuts. Le fantastique n'était pas du tout son fait : « Il y a en moi, disait-il, un *plomb de réalité* qui me tient dans les choses de la vie. » Et le paysage ne convenait pas non plus au génie de ce peintre de la nature humaine, de la nature civilisée, *boulevardière*, envisagée en son animation et son fourmillement. Dans l'œuvre entier de Gavarni, on ne rencontrerait, pour ainsi dire, pas un seul paysage, sinon un de ces maigres sites de fortifications et de banlieue faits pour servir de cadre aux scènes parisiennes, — un paysage de plâtre, une carrière, tout au plus la tonnelle d'une guinguette.

Gavarni tâtonna longtemps avant de trouver sa voie, ou du moins ne l'entrevoyant que d'une façon vague encore et dépensant en mille essais confus ses forces naissantes. Les premières années de sa carrière artistique sont une vie de misère, de vagabondage et de bohême, dont il lui resta toujours quelque chose dans le décousu d'une existence agitée, où l'usurier et la lorette, le bal masqué et Clichy jouèrent un si grand rôle. La femme et le recors, on pourrait presque dire que c'est le résumé de sa vie, comme de son œuvre. Ce *moraliste* gaiement amer, ou amèrement gai, trempé de bonne heure par l'expérience, n'a jamais vu que le côté malsain des choses et cueilli que les fruits gâtés de la civilisation. S'il a criblé de ses flèches les bourgeois, qu'il déteste et méprise à peu près autant que les huissiers, c'est que, comme le remarquent ses biographes, les hasards de son existence ne l'ont mis en rapports qu'avec la petite bourgeoisie corrompue. Il est âgé de vingt-deux ans à peine, qu'il se sent déjà vieux tout en étant encore enfant, ne comprend rien à sa nature sans assiette, sans équilibre, sans règle, toute pétrie de

contradictions, et, dans le dégoût de son scepticisme
blasé, comme dans l'accablement d'un état précaire
auquel il n'entrevoit point de fin, songe vaguement
au suicide.

Dans ces premiers temps, Gavarni a souvent des
heures d'amertume méchante. Il se pose en esprit
fort, au-dessus de tous les préjugés et de tous les
scrupules. Il trace, dans son journal ou ses lettres à
des amis, des codes de machiavélisme et d'immoralité. Il est susceptible, ombrageux, méprisant. Même
à l'époque de sa gloire et de ses folies, il garda
toujours ce fond de misanthropie et de tristesse
sombre qui est l'envers des grands rieurs. C'était un
esprit incisif, cruellement sarcastique, impitoyablement railleur, que n'arrêtait aucun respect, que
n'amollissait aucune tendresse. Un jour, dans un bal
de Londres, se promenant seul, le binocle à l'œil,
il se trouve face à face, en arrivant devant une
glace qu'il n'avait pas vue, « avec un personnage
qui avait aussi le binocle à l'œil. « Nous nous regardions, écrit-il dans une lettre pleine d'une verve
aiguë et tranchante comme une lame de rasoir :
c'était un œil méchant; la face de cet homme était
pâle et toute suante; il avait une barbe qui me paraissait ébouriffée et trop longue, et dans toute
l'expression quelque chose d'atroce et de triste tout
à la fois. Je me souvenais! C'était l'affreuse figure

qu'on a imprimée dans l'un des numéros du *London News*, en janvier dernier, — et puis enfin, tout à fait réveillé, j'ai retrouvé que c'était moi. »

Ainsi, Gavarni ne s'épargne pas plus que les autres. Il aime à se peindre et à s'analyser lui-même, sans aucune complaisance, la plume à la main. A côté de l'artiste, il y avait en lui un homme de lettres : les vives et spirituelles légendes de ses lithographies, enlevées avec tant de *brio*, tant de mordante vérité, véritable sténographie des locutions courantes et de la langue parlée, suffiraient à le prouver amplement. Avec cette manie qui devait fournir contre lui, à ses biographes, nombre de révélations compromettantes, dont il est probable qu'il n'eût pas eu peur cependant, il s'est souvent amusé à analyser et à disséquer froidement son propre cœur, comme le premier viscère venu. Combien de fois ne raconte-t-il pas au papier, qui nous les a transmis, les petits romans de corruption glaciale et de rouerie cynique dont tous ses jours sont remplis ! Il a fait de l'amour un métier, qui occupe son esprit sans jamais occuper son cœur, qui tantôt le distrait, tantôt l'ennuie, le fatigue et le dégoûte, mais dont il ne peut se passer. Il a la curiosité de la femme sans en avoir la passion ; il cherche à séduire, sans parvenir à aimer ; loin de là, il met sa gloire à ne ressentir aucun des entraînements qu'il feint et qu'il communique. Son orgueil est de dépasser Faublas et de poser en Valmont. MM. de Goncourt tracent, d'après sa correspondance galante, toute une théorie admirative de l'art de séduire une femme, en la trompant, en caressant sa faiblesse, en l'étourdissant, en la troublant, en endormant et corrompant sa conscience, qui nous montre triomphalement dans Gavarni un émule du triste héros des *Liaisons dangereuses*. Et, par une contradiction naïve, après avoir tout fait pour nous prouver, cent fois plus que nous ne la soupçonnions, l'immoralité de l'œuvre par l'immoralité de l'homme, puisqu'ils prétendent expliquer l'un par l'autre, ils se récrient contre les *attaques hypocrites* qu'ils viennent de justifier avec une surabondance accablante!

C'est aux environs de 1830 que remonte la célébrité de Gavarni. Il s'égare un moment dans de grossières caricatures politiques, dont il eut le bon goût de rougir plus tard, puis entre enfin dans sa vraie voie par les *Physionomies de la population de Paris*. Nous ne décrirons point cette œuvre multiple, et d'ailleurs universellement connue, où se joue un talent qui reste toujours, dans ses métamorphoses, si essentiellement vrai, vivant, actuel, parisien jusqu'au bout des ongles et jusqu'à la moëlle des os. Quelle science ingénieuse et légère! Quel sentiment intime et quel art approfondi du costume, du geste, de l'attitude ! Comme il sait donner une physionomie et un langage à chaque détail du vêtement, trouver et rendre les nuances les plus subtiles, les riens qui différencient une même expression ou un même mouvement dans deux natures diverses ! Pas de poésie, mais une élégance raffinée jusqu'à la corruption. Nul sentiment, — car, avec la meilleure volonté du monde, nous ne pouvons trouver dans cette unique légende de *Clichy :* « Petit homme, nous t'apportons ta casquette, ta pipe d'écume et ton Montaigne, » les trésors de sensibilité qu'y ont vus certains admirateurs de Gavarni, — mais une grâce qui ne s'alourdit jamais et une verve qui ne se lasse pas.

Le talent de Gavarni a traversé plusieurs phases distinctes. Au début, le peintre de mœurs s'arrête à l'épiderme; il ne dépasse pas l'observation superficielle et toute en dehors, pour ainsi dire, de la cunesse des écoles, des coulisses, des cabinets particuliers, des bals masqués et des boulevards. C'est la période des *Actrices*, des *Lorettes*, des *Fashionables*, des *Débardeurs*, des *Souvenirs du bal Chicard*, des *Balivernes parisiennes*. Puis il fait un pas de plus, et, sans sortir tout à fait du demi-monde, il ne s'y enferme plus tout entier et pénètre dans l'étude de la vie intime. C'est la période des *Enfants* et des *Parents terribles*, de la *Politique des femmes*, des *Nuances du sentiment*, des *Traductions en langue vulgaire*, des *Impressions de ménage*, des *Petits malheurs du bonheur*, etc.

Sur la fin, Gavarni retourna ce monde frivole dont il s'était constitué le Balzac et le La Bruyère. Il prit plaisir à nous montrer le revers de la médaille, les *Lorettes vieillies* et les *Invalides du sentiment*, comme pour tirer à sa façon la moralité de la comédie. Un voyage en Angleterre vers 1849 semblait déjà avoir donné momentanément le *spleen* à son crayon. En vieillissant, il devient tout à fait misanthrope. Le fond de philosophie amère qu'il avait toujours eu sous sa gaîté, se dégage et prend le dessus. Sa raillerie se fait de plus en plus âpre, et ces fanges dorées, ces travers, ces vices d'une civilisation faisandée, qu'il avait longtemps remués en riant, lui portent au cerveau, comme les émanations délétères qu'exhalent les cloaques parisiens. C'est alors qu'il donne ce qu'on pourrait appeler le dernier mot de ses *Manières de voir et façons de penser*, en publiant les *Propos de Thomas Vireloque*, dont le succès fut loin d'égaler celui des séries précédentes. Les connaisseurs apprécièrent cette galerie nouvelle où, avec moins de variété et d'agrément, on trouvait plus de profondeur et de force; mais la foule tourna le dos à l'amuseur ingénieux qui se transformait en moraliste lugubre, en satirique implacable, et changeait en lanière, pour lui en fustiger les épaules, la badine dont jadis il chatouillait ses ridicules à fleur de peau.

Découragé peut-être par cet insuccès, épuisé par vingt ans d'une production incessante, se sentant devenu impropre à ressaisir la manière facile et légère qui avait fondé sa popularité, assombri et désenchanté par un long commerce avec toutes ces joyeuses misères de la vie parisienne dont il avait ri de peur peut-être d'en pleurer, il se retira à l'écart, et vécut en hypocondre les dernières années de son existence.

On a fouillé dans les cahiers de notes où il jetait au courant du crayon toutes les pensées qui lui traversaient l'esprit. Quelques-unes ne sont que des enfantillages, des jeux de mots, des calembours et des calembredaines. Beaucoup sont obscures et tourmentées. La plupart trahissent une amertume et un désenchantement profonds : le misanthrope et l'athée s'y montrent sans voile. Ses hautes visées philosophiques et ses prétentions à la profondeur se traduisent le plus souvent en un amphigouri maniéré, quintessencié, laborieux, maladif, d'où l'on ne parvient pas sans peine à extraire quelques pensées formulées nettement, comme celles-ci :

« L'esprit public est un composé de la bêtise de chacun multipliée par tout le monde.

— Il ne faut pas plaisanter avec les gens qu'on ne connait pas.

— La philanthropie est l'hypocrisie de la charité. »

Encore cela n'a-t-il rien de bien neuf ; il a autrement d'esprit et de nerf dans ses légendes. Il lui fallait l'association du crayon et de la plume ; c'est la verve du dessinateur qui éveillait en lui celle de l'écrivain. Dès qu'il dépasse le petit cadre de deux ou trois lignes où il avait l'habitude de couler sa pensée, il est tout dépaysé et bat la campagne.

L'auteur des *Enfants terribles* est mort dans la solitude — ces vieillesses tristes et délaissées sont le châtiment des vies égoïstes — en cherchant la direction aérienne et la quadrature du cercle, ayant pris son art en dégoût, et ne se ranimant, entre deux rêveries mathématiques, que pour conter à ses fidèles, les frères de Goncourt, qui en prenaient religieusement note, les jolies choses qu'on faisait de son temps aux descentes de la Courtille et l'effet qu'il produisait en entrant au bal Chicard en costume de patron de bateau, au milieu d'une vingtaine d'amis, « chacun avec sa drôlesse ! »

Pauvre Gavarni ! Telles sont les confidences, peu propres à rehausser sa gloire, que nous font sur son compte, avec une indiscrétion sans mesure, mêlée pourtant çà et là de quelques discrétions bien étranges et bien inattendues en pareille compagnie, ces biographes qui pourraient être qualifiés à leur tour d'*enfants terribles*. Le livre est signé des deux frères : il était prêt avant la mort de M. Jules de Goncourt, comme le prouve la date de la préface, mais il semble écrit surtout par celui des deux qui, pour sa part de collaboration, était chargé de fournir les défauts. Livre curieux sans doute, et attachant pour ceux que ne rebutent point les opérations anatomiques, mais livre triste et triste livre, qui tue Gavarni sous prétexte de l'expliquer, à peu près comme ces enfants qui crèvent leur poupée pour voir ce qu'il y a dedans.

HENRY MONNIER

10 janvier 1877.

Henry Monnier, qui vient de mourir dans sa soixante-dix-huitième année, n'avait pas donné signe de vie depuis plus de dix ans; pourtant son nom était demeuré populaire : on l'a bien vu au déluge d'articles biographiques et d'oraisons funèbres provoqué par sa mort, à l'avalanche d'anecdoctes plus ou moins apocryphes que tous les chroniqueurs de Paris, de province et de l'étranger sont venus déverser sur sa tombe, fondant plusieurs personnalités dans la sienne, comme l'antiquité avait fait pour Hercule, et lui prêtant toutes les mystifications classiques des Musson, des Ourliac, des Romieu et des James Rousseau.

Si l'on eût prêté l'oreille aux conversations qui s'échangeaient derrière son cercueil, parmi les bourgeois mêlés aux artistes et aux gens de lettres, on eût certainement recueilli maintes phrases semblables à celles qu'il avait stéréotypées, quarante années auparavant, dans l'*Enterrement*, qui fait partie des *Scènes populaires* :

— En voilà une drôle !

— Ce qu'il y a de bien singulier, c'est que j'ai causé avec lui il n'y a pas de ça quinze jours; il n'avait l'air de se douter de rien.

— Il y a moins que ça que je l'ai rencontré son chapeau à la main.

— Comment ! ce pauvre Monnier est mort.

— Mon Dieu, oui; quand vous vous désolerez, ça ne le fera pas revenir.

LE COMMISSAIRE DES MORTS. — Messieurs, quand il vous fera plaisir.

Dans une voiture de deuil (s'il y en avait) : — Moi, je trouve le homard lourd.

— Ah ! c'est bien bon ! J'avoue mon faible, j'aime le homard...

— Avez-vous vu ce grand prêtre qui vient de monter dans la première voiture ? Est-ce qu'un gaillard comme ça, tout jeune, ne serait pas mieux dans un régiment de cuirassiers ?

— Mais tout le monde ne peut pas être non plus dans un régiment de cuirassiers...

— Parce que le gouvernement est trop faible.

— Tenez, voyez-vous là-bas cette petite colonne sur votre droite?... C'est là qu'est enterrée ma belle-mère.

— Ah! oui dà.

— Mon épouse est en face... J'ai été longtemps que je n'aimais pas à venir ici.

— Je crois bien.

— Mais, comme on dit, le temps est un grand maître.

— Sans cela, on serait bien malheureux.

— Les plus à plaindre sont ceux qui restent.

— Vous avez raison, monsieur Moutardier; ce que vous dites est bien la vérité.

— C'est une grande perte.

— Très grande. Après cela, que voulez-vous? Un peu plus tôt, un peu plus tard, il faut toujours en passer par là.

Et tout ce flot de banalités écœurantes, de réflexions saugrenues, d'ineptes bavardages, de sentencieux lieux-communs, couchés jadis par lui-même sur le papier avec une minutie qui ne craint pas de pousser l'exactitude jusqu'à en être irritante.

Il n'est personne qui ne connaisse les *Scènes populaires* d'Henry Monnier, son vrai, son seul titre de gloire. Ce qu'il a fait depuis n'a été qu'une répétition, une exploitation, un prolongement de cette idée première. Tout Monnier est dans ce livre.

La dernière édition des *Scènes populaires*, dans laquelle on a fondu les *Nouvelles scènes*, contient vingt-six études dialoguées, où le monde des bourgeois du Marais et des bourgeois campagnards, des épiciers retirés, des employés de bureau, des portiers, des gardes-malades, des gamins de Paris, des bonnes, des rapins; les ridicules, les travers, les vices triviaux, les préjugés absurdes, les ridicules commérages, les bavardages insipides, les prétentions grotesques, toutes les façons de dire et de faire de ce petit monde sont étudiés, comme une goutte d'eau au microscope, avec une vérité à faire crier. Il semble qu'Henry Monnier ait épié tous ces gens-là patiemment, pendant des années entières, à travers le trou de la serrure, et qu'il les ait fait poser et causer devant lui, son carnet à la main. Jamais on n'a mieux saisi les incohérences extravagantes, les niaiseries et les platitudes des conversations vulgaires. Il sait par cœur toutes les formules courantes, toutes les banales hyperboles, toutes les métaphores bourgeoises : « Je me mange les sangs. — J'étais à cent lieues de croire. — Je ne voudrais pas pour un empire. — Je sue sang et eau pour vous comprendre. — J'en ai un poids de cent livres sur l'estomac. »

Le seul monde qu'il se soit abstenu de mettre en scène, quoiqu'il l'eût vu de près, c'est celui des *cabotins.* Non seulement H. Monnier joua souvent sur des théâtres parisiens mais il a parcouru la province, en compagnie de sa femme, dans des troupes d'acteurs ambulants, et l'on trouve à ce propos dans ses lettres quelques détails dignes du *Roman comique.* Comment se fait-il qu'il n'ait jamais profité de l'occasion pour grossir le nombre de ses petits tableaux d'après nature ? Quelle moisson n'aurait-il pu faire ! Mais si l'auteur des *Scènes populaires* n'a point touché aux comédiens, du moins son crayon ne les a pas épargnés comme sa plume. Témoin sa *Galerie théâtrale,* et dans cette galerie la scène impayable du *Mariage de Figaro,* où l'on voit une marraine imposante, débordante, exubérante, fanfreluchée et empanachée, pareille à une femme colosse, jetant un regard en coulisse sur un Chérubin quinquagénaire, au moment où Suzanne vient d'habiller ce morveux en fille et s'écrie : « Voulez-vous bien n'être pas jolie comme ça ? »

Parmi ces vingt-six *scènes populaires,* il y en a une douzaine qu'il faut lire avant toutes les autres. C'est d'abord le *Roman chez la portière,* où la recette du fameux thé de la Lyonnaise et la lecture de *Cœlina ou l'enfant du* MINISTÈRE, avec les commentaires inénarrables de l'assistance, sont devenus légendaires ; puis l'*Exécution,* où Henry Monnier est sinistre à force de réalité; la *Victime du corridor,*

— peinture du palier, du *carré*, après celle de la loge, — dans laquelle apparaît madame Potain, dont les *cancans* empoisonnés pourraient bien (sauf avis des philologues) avoir donné naissance au mot *potin*; *les Intérieurs de bureaux; le Premier de l'an, le Déménagement, le Peintre et les Bourgeois, le Petit prodige, les Compatriotes, la Garde-malade*, qui contient l'histoire épique des chevaux café-au-lait du Sacre, massacrés par Louis XVIII, et le *Voyage en diligence*, qui est peut-être l'étude la plus complète et la plus variée du livre, celle que ses péripéties naturelles font le mieux ressembler à une petite comédie, ou même à un petit drame, contrairement aux autres scènes d'Henry Monnier, qui ne se préoccupe généralement que d'être vrai, non d'être dramatique ou même pittoresque.

Monnier, si l'on peut ainsi dire, est un miroir qui, sans aucun mélange d'imagination, comme Balzac et les romanciers à sa suite, sans aucune préoccupation d'arrangement scénique, comme les écrivains de théâtre, réfléchit toutes les vulgarités de la petite et de la moyenne bourgeoisie. Assurément il a étudié bien d'autres figures que celle du bourgeois : le paysan, dont il a photographié, avec un réalisme épouvantable, les plus vilains échantillons dans *l'Esprit des campagnes*; l'employé, qu'il avait pu regarder de près, à la loupe, pendant des années entières, dans tous les genres et les sous-genres du microcosme bureaucratique, et pour lequel il a fourni certainement plus d'un trait à l'auteur de *la Comédie humaine;* le rapin, qu'il avait coudoyé longtemps dans les ateliers de Gros et de Girodet; le commis-voyageur, dont il a tracé une esquisse si amusante et si vraie dans le *Voyage en diligence;* la grisette, espèce disparue, que vous trouverez conservée dans *la Petite fille,* comme un fossile dans une couche de terrain tertiaire; le soldat, dans *le Café militaire* et le *Précis historique de la Révolution, de l'Empire et de la Restauration;* toutes les variétés du peuple, depuis Titi et Lolo, ces crapauds de l'égout parisien, jusqu'aux ouvriers d'*Un banquet;* depuis madame Pochet, madame Desjardins, la Lyonnaise, madame Bergeret, jusqu'à Jean Iroux, (c'est ainsi qu'il écrit le nom) cette brute à la voix enrouée, à l'intelligence obtuse, dont il n'a fait qu'esquisser la physionomie stupide. Mais le centre, le quartier-général de ses observations, c'est la bourgeoisie. Il y revient sans cesse, et il l'a, pour ainsi dire, résumée en un type immortel qui offre dans sa personne comme la quintessence de tous ses travers, de tous ses ridicules et de toutes ses prétentions : le solennel et folâtre Joseph Prudhomme, cette fleur de bêtise épanouie, de nullité magistrale et satisfaite, de galanterie badine, mais toujours suave, de niaiserie majestueuse et pourtant pleine de condescendance, qui cite l'*Almanach des Muses*, traite les femmes de *belles dames* et les compare à des fleurs, fait l'ornement et l'admiration du salon de madame Joly, profite de sa comparution comme témoin pour protester devant la cour de son attachement sans bornes au roi, aux autorités constituées, à la gendarmerie et à son auguste famille, abonde en formules, en maximes, en sentences, en axiomes, en apophthegmes d'une importance comique, où Jocrisse se combine avec Machiavel et Montesquieu avec La Palisse.

Oui, Henry Monnier a eu cette gloire, — qui a manqué absolument à George Sand, à Mérimée, à Musset, à Théophile Gautier et à cent autres plus grands artistes que lui, que Victor Hugo n'a trouvée qu'à soixante ans, en créant le Gavroche des *Misérables*, que Balzac a plusieurs fois effleurée sans l'atteindre aussi complètement, avec Vautrin, Gobseck, le père Goriot et le père Grandet, — de bâtir un type, de le lancer dans la circulation et d'enrichir ainsi d'une figure nouvelle cette galerie de personnages imaginaires plus vrais et plus vivants que les êtres en chair et en os.

On pourrait même dire qu'il a laissé trois ou quatre types : madame Pochet ou madame Desjardins, Jean Hiroux et Joseph Prudhomme, — sans parler de madame Potain, ni de madame Bergeret, la garde-malade.

Dans beaucoup d'articles nécrologiques, j'ai vu qu'on lui faisait honneur de madame Gibou. L'erreur est complète : madame Gibou ne figure nulle part dans les *Scènes populaires*. La popularité de madame Gibou vient d'une farce de Dumersan, qui l'avait tirée lui-même d'une chanson de Panseron : *Madame Gibou et Madame Pochet, ou le Thé chez la ravaudeuse*. Le fameux thé de madame Gibou, qui figure dans cette pièce, n'est autre que le thé de la Lyonnaise, et madame Gibou n'a pu ravir à celle-ci la gloire de donner son nom à ce thé proverbial que par un véritable plagiat, car la pièce est de 1832, postérieure par conséquent aux premières éditions des *Scènes populaires*.

Jean Hiroux ne fait guère qu'apparaître dans l'une des scènes d'Henry Monnier : *la Cour d'assises*. C'est dans ses conversations à huis-clos, entre artistes et écrivains bronzés à toutes les hardiesses, que Monnier a mille fois développé cette esquisse, — car, pour le dire en passant, à côté de son œuvre bien connue, Henry Monnier avait son œuvre inédite, et même son œuvre occulte et clandestine, que nous ferons semblant de ne pas connaître. Le type de Jean Hiroux s'est formé peu à peu, s'enrichissant chaque jour d'un trait nouveau, dans les brasseries, les coulisses et les ateliers. Cette charge à outrance, procédant à la fois du Robert Macaire de *l'Auberge des Adrets* et, par voie de contraste, en guise de protestation narquoise, du *Dernier jour d'un condamné* et de *Claude Gueux*, a fini par constituer une légende monstrueuse, effrénée, aussi féconde d'ailleurs en transformations et en métamorphoses que le Protée antique; et jamais peut-être le scepticisme du siècle, la goguenardise *quand même*, la *blague*, pour tout dire d'un mot aussi horrible que la chose, ne se sont affichés en traits plus caractéristiques que dans la création de ce héros gouailleur de l'assassinat, qui grimace encore dans la lunette de la guillotine, comme Quasimodo à la rosace du Palais.

Rappelons quelques traits seulement de cette histoire, qu'il serait impossible de recueillir en entier. Jean Hiroux est accusé d'avoir assassiné un invalide sur la place de la Concorde, pour lui voler son nez d'argent.

Le Président. — Quelle est votre profession?

Jean Hiroux, *d'une voix enrouée*. — Orphelin.

D. Que faisiez-vous à trois heures du matin sur la place de la Concorde?

B. Mon président, j'attendais l'omnibus.

D. Que vous avait fait ce malheureux vieillard?

R. Je vas vous dire, mon président; il était grêlé, et je ne peux pas souffrir les gens grêlés.

D. Non content de l'avoir assassiné lâchement, vous avez dépouillé son cadavre?

R. Faut être juste : le volé, c'est moi. Puisque le malheur était fait, je le fouille. Je trouve trois sous et un nez en melchior. Voyons, qu'est-ce que vous auriez fait à ma place, mon président?

Il est condamné à mort. « Tas de canailles! » s'écrie-t-il de sa voix toujours enrouée.

— Je vous engage, lui dit paternellement le président, à ne pas aggraver votre position.

On le conduit à la barrière Saint-Jacques. En montant les marches de la guillotine, il jette un coup d'œil sur le panier et s'écrie avec indignation :

— C'est une infamie! le gouvernement me doit du son, et ce n'est que de la sciure de bois! J'en veux pas, ça donne des boutons. Peuple, on te trompe!

Telle est, dans ses linéaments principaux, mais bien atténuée et édulcorée, la cynique légende de Jean Hiroux. Toutefois ces divers types n'ont rien de comparable à celui de Joseph Prudhomme. On peut dire que la vie entière de Monnier, sous ses trois formes, d'écrivain, de caricaturiste et de comédien, a été consacrée à constituer nettement et à parachever cette physionomie typique du bourgeois. Il a même fini par la gâter à force de vouloir l'exploiter, ce qui semblerait donner raison à ceux qui prétendent qu'il l'a créée d'une façon pour ainsi dire inconsciente. Le vrai Prudhomme, c'est celui des *Scènes populaires,* qu'on voit successivement apparaître et se compléter dans *le Roman chez la portière,* où il allume son rat à la chandelle de madame Desjardins, et vient le rallumer par deux fois avec la plus exquise politesse, en émettant des réflexions de ce genre : « Que voulez-vous ? Tout finit par s'éteindre dans la nature. Le rat, c'est l'image de la vie » ; dans *la Cour d'assises,* où il répond à la question du président : « Êtes-vous parent ou allié du prévenu ? — Je pourrais l'être, je ne le suis pas : tous les jours, on voit dans les familles les plus respectables, des scélérats, des intrigants ; » où il qualifie Paris de *moderne Athènes,* et raconte l'aumône qu'il fit un jour à l'accusé, son ancien *disciple :* « Je tirai ma bourse de cette même culotte ; je me rappelle le fait comme aujourd'hui. J'en retirai cinq francs en lui adressant ces paroles : *S'ils peuvent parvenir à ton bonheur, sois-le.* Il les prit, et je me dérobai à sa gratitude ; » — dans le *Dîner bourgeois,* où, causant avec un voisin qui lui répond invariablement *bonjour,* et prévenu que ce voisin est un Anglais, qui ne sait pas un autre mot de notre langue, il s'écrie d'un air aimable : « Ah ! monsieur est d'Albion. Il n'y a pas de mal à ça, monsieur. Tous les hommes sont faits pour s'estimer, et comme dit la chanson :

Peuples, formons une sainte alliance
Et donnons-nous la main.

« Eh bien, Monsieur, comment trouvez-vous notre belle patrie ?... Ah ! vous êtes venu comme ça, sans savoir la langue ! C'est le tort que vous avez eu, car vous devez être embarrassé à chaque pas; » dans le *Voyage en diligence*, où il a des aperçus historiques de cette force : « Par une singulière concordance du calendrier, c'est aujourd'hui que, — à deux différentes époques, bien entendu, — François Ier et Bonaparte sont passés par cette ville; » et où il manifeste la crainte d'avoir blessé par cette observation les susceptibilités politiques de son interlocuteur ; — dans *le Peintre et les bourgeois*, où, se débattant contre un rapin mal élevé qui le taquine, il s'écrie : « Daignez m'excuser, belle dame, si je donne ici l'exemple d'un scandale inouï dans les fastes de votre maison; il faudrait être un dieu pour se contenir en certaines occasions, et je ne suis qu'un homme. »

Monnier porta son type au théâtre dans une comédie en cinq actes: *Grandeur et décadence de Joseph Prudhomme*. La charge s'y est glissée; ce n'est plus un simple portrait, c'est une caricature. Mais que de traits frappants encore, où la vérité s'accuse sous l'exagération ! « Otez l'homme de la société, vous l'isolez. — Ce sabre est le plus beau jour de ma vie. »

Et la profession de foi de M. Prudhomme candidat, qui débute par ces hardies métaphores parlementaires: « L'horizon se rembrunit. Le char de l'État navigue sur un volcan! » Henry Monnier écrivit ensuite les *Mémoires de Joseph Prudhomme*. Ce sont les siens. De l'avis unanime de tous ceux qui l'ont connu, il s'était si bien incarné dans la peau de son personnage qu'on eût pris le peintre pour le modèle. Des pieds à la tête, par le geste, l'allure, le langage, Monnier était Prudhomme lui-même, comme Frédérick Lemaitre avait toujours gardé quelque chose de Robert Macaire. Mais après ces deux ouvrages, il eut l'inconcevable idée de mettre encore sur la scène *Joseph Prudhomme chef de brigands*, ce qui faisait tomber dans la bouffonnerie pure et dans la plus froide extravagance un personnage qu'il avait reproduit d'abord avec la fidélité passive d'une glace. Il n'a pas tenu à lui, comme on voit, que son portrait ne dégénérât en fantoche et ne perdît toute valeur en perdant toute réalité.

Quand il voulait, comme il en éprouva plus d'une fois l'ambition, sortir de l'observation pure, Henry Monnier, qui ne se rendait pas exactement compte de la nature toute spéciale de ses aptitudes, avait des aberrations de ce genre. Croirait-on qu'il lui vint un jour l'idée bizarre de mettre l'une de ses plus amusantes *Scènes populaires*, celle qui porte pour titre *le Peintre et les bourgeois*, en vers alexandrins, et d'en faire une comédie en trois actes, genre Alexandre Duval, qui endormit pendant quelques représentations le parterre bienveillant de l'Odéon, — tant ce mystificateur avait un fond de naïveté, tant il y avait de Prudhomme dans ce peintre qui avait étudié son modèle en partie sur sa propre personne! Vapereau lui prête même une brochure politique publiée en 1848 : j'aurais bien voulu connaître ce coup d'œil jeté par M. Prudhomme « sur la situation actuelle ». Son allure, sa physionomie, sa signature, souvent même son style, lorsqu'il écrivait pour son propre compte, rappelaient celui de l'immortel Joseph. Lisez le voyage en Hollande qu'il a raconté dans *l'Illustration*. Vous y trouverez sur les pieds mignons de certaines Frisonnes, « qu'envieraient les petites maîtresses de la capitale des beaux-arts et de la civilisation », des phrases qui eussent fait sensation au dîner de madame Joly, et Monnier s'y montre fasciné par l'amabilité « d'un jeune homme honorable », voyageant pour la quincaillerie, qui possède un talent extraordinaire pour lancer dans son gousset une pièce d'argent placée à l'extrémité de sa botte, et qui « fait les délices de la table d'hôte par ses bons mots et son adresse ».

Il est curieux que la plupart des types qui on définitivement survécu dans ce siècle et qui sont restés en possession de la popularité, semblent la parodie des grandes ambitions littéraires et autres qui caractérisent la période romantique. Rien de plus familier, de plus trivial, de plus réaliste, depuis le Robert Macaire de *l'Auberge des Adrets* et de Daumier, jusqu'au Gavroche de Victor Hugo; depuis Jérôme Paturot jusqu'à Bilboquet; depuis le Mayeux de Traviès jusqu'au Prudhomme de Monnier. Prudhomme est l'idéalisation de Mayeux, cet affreux bourgeois bossu, sceptique, libertin, vaniteux, bruyant, irascible, pérorant dans les corps de garde contre le parti prêtre, mêlant Voltaire à Pigault-Lebrun et la Pologne à la Charte, don Juan cynique et ricaneur qui traite l'amour comme le père Duchesne traitait la politique. Il est l'Achille de ce Thersite et l'Apollon de ce Vulcain. L'un n'est qu'un bouffon grimaçant; l'autre, dans sa sérénité majestueuse, est d'une portée beaucoup plus haute et d'une application plus large.

Deux causes contribuèrent surtout au succès rapide de Joseph Prudhomme. D'abord il est le contemporain d'*Antony*, — un autre type qui est resté, mais avec une signification railleuse et à la condition de ne plus être pris au sérieux. — On dirait que Monnier a voulu en faire le contrepied, l'envers de tous ces héros fatals et échevelés du romantisme; que Prudhomme est la protestation du bon sens épais, de l'éternel lieu commun, de la banalité triomphante, heureuse, inexpugnable, contre les êtres fiévreux, paradoxaux, impossibles, créés alors à l'envi par la poésie, le roman et le théâtre, — à peu près comme la légende de Jean Hiroux est la parodie du *Dernier jour d'un condamné*. Il exagère sans doute cette réaction du sens commun; il la pousse à outrance, sans s'en rendre compte, comme le bonhomme Chrysale en face de Bélise et de Philaminte. Ajoutons que l'auteur même de Joseph Prudhomme se moque de lui et le livre à la risée du lecteur; mais qu'importe? on sent bien qu'il estime au fond cette honnête créature et qu'elle vaut mieux que tous les capitaines Fracasse de la passion extravagante et de la vie excentrique traduits sur la scène par les Bocage, les Dorval, les Frédérick Lemaître et les Laferrière. Contre ces Antony, ces Arthur, ces Paolo, ces Alfred d'Alvimar, ces Didier, ces Ruy-Blas, toutes ces copies de Werther, d'Obermann, de René et de Jacques Ortis qui avaient envahi la littérature entière, la victoire demeure à ce brave nigaud de Prudhomme, bon père, bon époux, bon garde national, convive aimable, de mœurs paisibles, de parole fleurie, de tenue digne et correcte, qui sait mêler à une gravité d'augure la douce gaieté d'un homme du monde recherché des dames, qui n'a rien de subversif dans toute sa personne, bien qu'il tienne, en sa qualité de bourgeois, à donner de temps à autre une leçon au pouvoir, et qui, pour parler sa langue, ne sapera jamais les bases de la famille ni de l'ordre social.

La seconde cause de la rapide popularité de Prudhomme, c'est qu'il est la satire sans fiel de la classe que les événements venaient de porter au pinacle. Les Joseph Prudhomme pullulaient alors dans la vie réelle autant que les Antony au théâtre ; on les rencontrait à la tribune, au barreau, à la cour, à la ville, dans toutes les fonctions administratives, dans tous les rangs de la garde citoyenne. Prudhomme était magistrat, préfet, député, pair de France, conseiller d'État, quelquefois ministre ; Prudhomme était comblé d'honneurs. On n'a jamais décoré Monnier, mais Prudhomme avait franchi tous les grades de la Légion d'honneur. Dans la phraséologie solennelle du héros de Monnier, dans ses métaphores incohérentes, dans ses lieux communs boursouflés, dans ses aphorismes banals prononcés d'une voix sonore, avec une confiance en soi qui s'impose à l'admiration des Prudhomme en sous-ordre, se retrouvaient tous les caractères dominants de la bourgeoise triomphante, et même les images et les axiomes de l'éloquence parlementaire. Il n'est pas jusqu'aux traits les plus risqués du peintre qu'on ne puisse rencontrer dans le modèle : « Je jure, dit le Prudhomme de la comédie, en recevant son sabre d'honneur, de m'en servir pour défendre nos institutions, et au besoin pour les combattre. » N'est-ce point là, en une phrase qui n'a d'abord l'air que d'un coq-à-l'âne, tout le résumé de la politique bourgeoise, telle qu'elle s'est manifestée maintes fois dans la double institution de la garde nationale et du suffrage universel! M. Prudhomme, malgré les railleries des rapins et autres créatures d'une ironie malfaisante, partage avec Robert Macaire la royauté de l'époque, et Henry Monnier en a eu l'intuition le jour où, échangeant la plume contre le crayon, il l'a représenté sur un piédestal, comme une statue, avec sa prestance imposante, ses cheveux rares, son nez en bec de dindon, ses lunettes d'or et son majestueux faux-col au centre duquel la tête de l'important personnage s'épanouit comme un bouquet dans sa garniture de papier.

En dehors même de ce type général, de ce symbole vivant, les innombrables variétés de bourgeois mis en scène par Monnier sont, avec des nuances infinies qui se marquent dans tous les détails, mais surtout dans le vocabulaire, comme des épreuves en petit format de cette grande figure. Ces êtres de troisième et de quatrième ordre qui se rencontrent partout, qui semblent, par leur vulgarité et leur effacement, décourager l'observateur, il les a pris sur le fait, en pleine efflorescence de leur nullité.

Où voit-on mieux qu'en ces tableaux intimes, à la Téniers, jouer tous les ressorts de ces esprits terre à terre et de ces âmes étroites, qui semblent au-dessous même des passions, mais auxquels en tiennent lieu la vanité, la cupidité, la rage de la médisance, la curiosité bête, l'irréligion niaise, le libertinage d'habitude, les tracasseries de ménage, les disputes d'intérieur, tout ce qui peut grouiller de méchanceté dans les bas-fonds de la sottise, tout ce qui peut se loger d'étroite ambition dans une tête pointue et un horizon borné?

Il est parvenu par la seule vérité de l'observation, par la vérité toute nue, mais par une vérité extraordinaire, à jeter de l'intérêt sur ces peintures de luttes mesquines, de sottises domestiques, de commérages insignifiants. Les sujets qu'il choisit excluent naturellement toute hauteur de point de vue, toute largeur d'aperçus, toute profondeur d'observation; lui-même il en excluait l'intérêt de l'intrigue et de l'arrangement pittoresque. Mais cet artiste d'un ordre inférieur est un photographe prodigieux. Cette absence de tout art, de toute fantaisie double l'intensité et l'effet de son exactitude. Plus tard, il arrivera quelquefois, dans *les Bourgeois de Paris,* dans *Paris et la province,* à exagérer un peu, à prêter même certaines tournures de convention à ceux qu'il fait parler; mais, dans les *Scènes populaires,* son début et son chef-d'œuvre, c'est la nature saisie en flagrant délit, traduite sans *mots d'auteur*, pour employer l'expression du *Roman chez la portière*, sans que nulle part, dans cette œuvre absolument impersonnelle, l'écrivain apparaisse derrière ses personnages. Toutes ces reproductions des mœurs et du langage courants par une sorte de daguerréotype intellectuel resteront comme une collection de matériaux et de documents authentiques sur un ensemble d'hommes et de choses qui se rattachent à l'histoire d'une époque, bien que l'histoire officielle dédaigne de s'en occuper.

DEUX ÉCRIVAINS POPULAIRES

PONSON DU TERRAIL

ET TIMOTHÉE TRIMM

1er avril 1875.

Quels ont été les deux écrivains les plus populaires du second empire? Ce ne furent ni Alexandre Dumas, dont la verve prodigieuse et la gloire bruyante avaient battu leur plein sous le règne de Louis-Philippe; ni Prévost-Paradol, qui ne s'adressa jamais qu'à une élite de lettrés; ni Victor Hugo, alors en train de devenir dieu et qui, de temps à autre, promulguait de son Sinaï de Jersey, au milieu des éclairs et des tonnerres, ces oracles reçus avec une sorte de respect sacré et de religieuse terreur, exclusifs de toute popularité; ni même M. Henri Rochefort, l'audacieux pamphlétaire, qui d'ailleurs n'alluma sa *lanterne* au pétrole qu'alors que l'empire penchait déjà vers sa ruine. Ce furent Timothée Trimm, le chroniqueur quotidien du *Petit Journal*, et le vicomte Ponson du Terrail, auteur des *Coulisses du monde*, des *Cavaliers de la nuit*, de la *Dame au gant noir*, des *Gandins*, des *Chevaliers du clair de lune*, des *Drames de Paris*, d'une foule d'autres romans, divisés pour la plupart en trois ou quatre parties, dont chacune se compose parfois de huit ou dix volumes.

I

Le célèbre romancier, providence des cabinets de lecture, est mort à Bordeaux pendant la guerre, à l'âge de quarante et un ans. Il s'occupait d'organiser un bataillon de francs-tireurs ; il avait déjà commandé son costume, qui était superbe, et dressé tous ses plans, qui étaient plus magnifiques encore. Il se grisait de ses projets, comme s'il eût écrit les *Contes du drapeau*, et, avec son imagination gasconne, il se voyait déjà, de la meilleure foi du monde, le héros d'un grand roman d'aventures en dix volumes.

Son corps devait se composer surtout de chasseurs, de paysans et de braconniers de la forêt de

Marchenoir, et il causait volontiers, dans les cafés de Tours, de toutes les merveilles qu'il se proposait d'accomplir avec eux. Jouer au soldat, c'était la seule manière qu'il restât alors de faire du roman. On m'assure même que ce corps a fonctionné quelque temps et rendu de réels services; mais toute cette histoire des francs-tireurs est fort embrouillée.

Hélas! il n'était point réservé à Ponson du Terrail de sauver la France, quoiqu'il prétendît descendre du chevalier Bayard (Pierre du Terrail). Le pauvre garçon mourut d'une attaque de variole noire, fort délaissé dans le désarroi universel. La littérature, il faut bien le dire, n'a fait en sa personne qu'une perte médiocre : il eût été l'un des premiers à en convenir, car il désarmait la critique en faisant lui-même bon marché de ses romans, qui n'avaient pour eux ni style, ni observation, ni études de caractères ou de mœurs, mais seulement, et c'est déjà quelque chose, une fécondité inépuisable d'incidents et de combinaisons dramatiques.

Ponson du Terrail avait égalé, dépassé peut-être la prodigieuse activité d'Alexandre Dumas. On le vit mener de front, dans l'année 1865, cinq romans-feuilletons dans autant de journaux. Quelques-uns, comme *les Gandins*, dans *l'Opinion nationale*, duraient des années entières. Le cadre en était toujours des plus élastiques, et l'auteur pouvait l'allonger à plaisir pour satisfaire le lecteur, qui ne s'en rassasiait pas. Pendant les seules années 1858-59, le catalogue de la librairie enregistrait soixante-treize volumes signés de son nom. — Il est vrai de dire que ce sont des volumes de cabinet de lecture. — Et il n'avait pas de collaborateurs !

Les bévues de Ponson du Terrail sont demeurées célèbres :

« Melchior, écrit-il dans *les Étudiants d'Heidelberg*, n'avait cessé de boire durant toute la route et n'avait point desserré les dents. »

Boire sans desserrer les dents est un assez joli tour de force, qui, répété tout le long de la route, classe Melchior au nombre des phénomènes dignes d'une exhibition spéciale.

« Le général, nous dit-il ailleurs, se promenait, les bras croisés, en lisant son journal. »

De plus fort en plus fort.

Ailleurs, l'un de ses héros « murmure d'une voix tonnante » et un autre tend à son interlocuteur une main « froide comme celle d'un serpent ».

Dans *les Escholiers de Paris*, dont l'action se passe au XVIᵉ siècle, vous trouverez un moine qui sait Molière par cœur : « Vous savez, mon cher, dit-il à un ami,

Il est avec le ciel des accommodements. »

Et encore :

Ah ! pour être dévot, on n'en est pas moins homme.

Moine étonnant, qui a lu Molière sous le règne de François II et qui, plus loin, jure (en 1560) par saint Ignace de Loyola, canonisé en 1622. Mais peut-être est-il moins prodigieux que ce Godolphin de *la Jeunesse du roi Henri*, qui, égaré par une nuit sombre, se retrouve tout à coup en discernant devant lui la masse confuse de la colonnade de Perrault, construite seulement un siècle plus tard. Fallait-il avoir des yeux perçants !

Au moins, dans l'opérette d'Hervé, en entendant annoncer Molière à la cour d'Henri III, un courtisan s'écrie : Déjà !

Ponson du Terrail avait assez d'esprit pour rire avec la galerie, quand on relevait ces mésaventures d'une plume trop hâtive, et pour savoir à quoi s'en tenir sur la valeur de son œuvre ; mais, lorsqu'il causait avec un lettré, il ne négligeait pas de plaider les circonstances atténuantes et rappelait volontiers ses brillants succès universitaires, afin de prouver qu'il n'était point un ignorant. L'auteur de *la Jeunesse du roi Henri* avait remporté le premier prix d'histoire. Mais il est clair qu'en publiant, de 1853 à 1870, plus de quatre-vingt-dix romans et près de trois cents volumes, autant qu'on peut se reconnaître dans cette bibliographie touffue, il s'exposait à toutes les malechances d'une improvisation forcenée.

L'abonné de *la Patrie* ou de *la Petite Presse*, empoigné par les combinaisons et les péripéties du roman, se souciait peu de ces misères. Après tout, Shakespeare a commis bien d'autres anachronismes, qui ne l'empêchent pas d'être l'auteur de *Macbeth* et d'*Othello*, pas plus que ceux de Ponson ne l'empêchaient d'être l'auteur des *Exploits de Rocambole*.

C'est surtout la création de Rocambole qui valut à Ponson du Terrail son énorme popularité de romancier. Rocambole était devenu littéralement la coqueluche de toute une classe de lecteurs : les cochers en raffolaient, les portières en rêvaient. On en voulait partout, on en voulait toujours. Quand le roman semblait tirer à sa fin, il arrivait de tous les points de la France des lettres suppliantes. Cependant, au bout du vingt-deuxième volume, il fallut bien finir. Mais alors il s'éleva une telle clameur de désespoir que le directeur, effaré, courut chez Ponson :

— Je suis perdu ! On menace de se désabonner en masse parce que votre roman est fini.

— Je vous en ferai un autre.

— Ce n'est pas un autre que l'on veut, c'est le même.

— Impossible, puisque Rocambole est mort.

— Eh bien, ressuscitez-le.

— Tiens, c'est vrai.

Le lendemain, le directeur annonçait la *Résurrection de Rocambole*. Aussitôt la France respira. Un immense *Merci, mon Dieu !* s'échappa de deux cent mille bouches. Comment Rocambole avait-il ressuscité ? Peu importait aux lecteurs de Ponson du Terrail, et il ne prit pas la peine inutile de le leur expliquer. En pareil cas, Ponson avait un mot magique qui répondait à tout : « Mystère ! » Pour qu'il produisît complètement son effet, il suffisait de le mettre à la ligne. Exemple :

« On s'étonnera peut-être que notre héros, transpercé au cœur de plusieurs coups de lance, et, pour comble, pendu, dans un de nos feuilletons précédents, au gibet de Montfaucon, où il est resté accroché pendant trois jours, se retrouve si bien vivant et si bien portant dans celui-ci :

» — Mystère ! »

Ce mot terrifiait les lecteurs de Ponson, en les plongeant dans une mer d'hypothèses fantastiques. Parfois, il avait la faiblesse d'ajouter : « Ce mystère sera éclairci plus tard. » Mais il faut lui rendre cette justice qu'il ne l'éclaircissait jamais.

Indépendamment de ces résurrections voulues, il

en avait d'involontaires. Pour éviter autant que possible ces fâcheux *lapsus* de mémoire, on conte qu'il avait pris le parti de se faire confectionner un bataillon de petites poupées chargées de représenter ses personnages, dont elles portaient les noms et les costumes. A mesure que l'un d'eux était occis, ou mourait de sa mort naturelle, il en supprimait l'effigie et l'enterrait dans son tiroir. Mais une fois sa bonne, par bêtise ou malice, en rangeant les papiers de monsieur, brouilla si bien les poupées vivantes avec les poupées mortes qu'il en résulta la plus terrible confusion dans l'ouvrage en cours de publication. — Comment se fait-il que Z., qui était en pleine vie aux dernières nouvelles, soit maintenant mort sans qu'on nous en ait rien dit, et que T., qui était mort, soit maintenant un gaillard plein de santé? se demandaient les lecteurs perplexes. — Et ils se répondaient : Mystère!

Ponson du Terrail mourut. Ce deuil se perdit dans celui de la France. Mais dès que l'on commença à respirer et que le roman-feuilleton reparut, il se fit cruellement sentir. Les journaux à un sou ne pouvaient se consoler. Vainement leur prodiguait-on la monnaie du père de Rocambole, l'abonné secouait la tête, murmurant avec une mélancolie amère : « Ah! ce n'est pas notre Ponson. Qui nous rendra Ponson ? »

Quelques années se passèrent ainsi, et le gémissement de l'abonné ne s'apaisait pas. Alors un directeur eut une idée de génie, et on le vit se frapper le front, comme Archimède, en criant *Euréka :* « Puisque Ponson du Terrail, s'était-il dit, ne peut plus ressusciter Rocambole, je vais, moi, ressusciter Ponson. » Et mandant le prote de son journal, il lui ordonna d'annoncer, en tête du numéro du soir, je ne sais plus quel dixième *Rocambole,* roman POSTHUME de Ponson du Terrail. L'annonce fut répétée dans d'immenses affiches qui couvrirent tous les murs de Paris. Et aussitôt les badauds d'accourir en foule, sans en demander davantage.

L'exemple fut imité par d'autres directeurs de journaux. On retrouva des romans *posthumes* dans tous les tiroirs de feu Ponson, dans toutes les poches de ses paletots et jusque dans ses bottes. On en retrouva tant que les plus naïfs finirent par soupçonner qu'on les faisait écrire par des somnambules lucides, sous la dictée de l'esprit du défunt.

Le lecteur goulu, qui happait avidement ses inventions les plus énormes, était tellement habitué à lui voir arracher ses héros à la tombe, à les retrouver bien vivants après avoir été pourfendus, noyés, mangés par les corbeaux ou hachés menu comme chair à pâté, qu'il ne s'étonna pas lorsqu'on lui annonça de nouveaux romans du défunt.

Cela était dans la tradition et lui sembla tout naturel.

Ainsi il y a eu de pseudo-Rocambole, comme il y avait eu de faux Smerdis, de faux Démétrius, de fausses Jeanne d'Arc, de faux Louis XVII, et l'ombre de Ponson a encore suffi pour gagner des batailles. Alexandre Dumas lui-même n'avait pas trouvé une pareille consécration de sa popularité.

Pas même cela, bonnes gens! Il existait, dans les sous-sols de la littérature, de pauvres diables d'écrivains que personne ne voulait lire s'ils publiaient un roman en leur nom, et que dévoraient cent mille lecteurs sous le nom de Ponson du Terrail. Cela devint un métier : « Je fais du Ponson! » disait négligemment un bohême qu'on avait connu six mois auparavant en paletot gras et en chapeau roux, et qu'on retrouvait mis presque proprement, sortant d'un restaurant à trente-cinq sous, avec un cure-dents à la bouche.

S'il faut en croire les indiscrétions, ces entrepreneurs de littérature posthume à la Ponson s'étaient associés en commandite et se chargeaient de livrer la marchandise sans retard, sur mesure. Comme dans les manufactures, le travail était soumis au système de la division. Chacun avait sa partie. L'un était préposé à l'histoire, c'est-à-dire aux anachronismes; l'autre au sentiment, un troisième aux coups de poignard. Mais hélas ! pas un de ces sous-Ponson ne sut atteindre au magnifique entrain avec lequel l'inimitable Ponson en chef prodiguait les coups de poignard et les coups de dague, les ricanements et les rugissements, les imprécations et les malédictions.

Il se produisait quelquefois des erreurs : ainsi l'un des sous-Ponson fit poignarder, rue Copeau, par un homme masqué, le grand seigneur (un bandit déguisé, bien entendu) que son collaborateur avait embarqué trois jours auparavant pour l'Australie. Mais cela n'en ressemblait que mieux à du Ponson. Une erreur plus grave est celle qui fut commise par un garçon plein de zèle et brûlant de se faire remarquer. Il avait eu l'imprudence de mettre de l'esprit et même un peu de français dans le dernier roman de feu Ponson. Aussi personne ne s'y trompa-t-il.

— Ça, du Ponson du Terrail ! dit un directeur qui prenait au sérieux le stratagème qu'il avait inventé. Allons donc ! Je le connais, le Ponson ; j'en ai fait. Ce n'est pas lui qui se serait permis d'être spirituel sans raison !

— De l'esprit ! s'écriait un autre, furieux. Vous prenez donc mes abonnés pour des imbéciles ?

Bref, le jeune romancier coupable d'un zèle si inopportun fut mis à la porte sans aucun égard.

Puis, sur ces entrefaites, *l'Assommoir* parut. Les

eaux fétides du *naturalisme* se mirent à déborder de toutes parts et à envahir la littérature. Ponson du Terrail fut démodé. Il garda encore de nombreux fidèles dans les cabinets de lecture, mais ceux qui sont dans le mouvement raillent le vieux jeu de ce descendant des paladins. *Les Compagnons de l'épée* et *le Filleul du roi* furent abandonnés pour *le Ventre de Paris*. J'aimais encore mieux Ponson.

II

Ponson du Terrail avait été le Timothée Trimm du feuilleton; Timothée Trimm, moins connu sous son vrai nom de Léo Lespès, fut le Ponson du Terrail de la chronique.

Pendant sept ans, de 1862 à 1869, grâce au *Petit Journal*, dont il avait fait la prospérité inouïe, Timothée Trimm fut une puissance. Chaque jour, il parlait à trois cent mille abonnés et à un million de lecteurs. En s'asseyant à son bureau, il pouvait se dire : « Ce que j'écris là aura retenti demain jusqu'au fond des plus humbles hameaux de la France. »

Du moins, s'il ne sut pas user de la force qu'il avait entre les mains, il n'en abusa pas non plus. Il n'empoisonnait pas ceux qu'il était chargé de nourrir. Il leur versait à pleins verres une boisson salubre, — orgeat, limonade, bière ou coco, — dans laquelle il n'entrait pas une goutte d'absinthe ni un atome de vitriol. Sa chronique était le fourneau économique de la littérature: par portions d'un sou, elle servait tous les jours à des myriades de consommateurs affamés une nourriture saine et abondante, qui eût paru sans doute un peu vulgaire aux gourmets, mais dont les braves abonnés du *Petit Journal* se pourléchaient les lèvres en famille.

Un jour vint où Léo Lespès se lassa de faire la fortune de M. Millaud, à moins que ce ne fût M. Millaud qui se lassât de payer des appointements princiers à Léo Lespès. Tous deux crurent pouvoir se passer l'un de l'autre. Timothée Trimm émigra par un pont d'or au *Petit Moniteur*. Dans *le Petit Journal*, le chroniqueur populaire écrivait une causerie par jour; il se crut de taille à en écrire deux: quand on est lancé dans la voie des tours de force, on ne s'arrête plus, et après avoir porté un voltigeur à bras tendus, on veut soulever un cuirassier.

Pour ces deux articles quotidiens, l'administration du *Petit Moniteur* lui offrait, dit Vapereau, cent mille francs par an. Vapereau n'est pas l'Évangile, et peut-être a-t-il légèrement exagéré. Rabattons-en vingt ou trente mille, et ce sera encore bien joli. Quoi qu'il en soit, Timothée Trimm ne tarda pas à s'apercevoir qu'il avait trop présumé de ses forces, ou du moins, s'il ne s'en douta pas lui-même, ses lecteurs le remarquèrent pour lui, et l'administration du journal s'aperçut également qu'elle avait trop présumé de son influence sur l'abonné. Ce nom, jadis si puissant, n'avait pas amené un lecteur de plus, soit que le talisman fût usé, soit que, sorti de son cadre naturel, il eût perdu sa magie. En dehors de la feuille dont son nom semblait inséparable, Timothée Trimm était comme un poisson hors de l'eau. Le pont d'or fut rompu, et Trimm redevint Lespès comme devant. Il ne se releva point de cette chute. *Sic transit gloria mundi.*

Au *Petit Journal*, l'alerte avait d'abord été vive, mais on l'avait remplacé du jour au lendemain. Timothée Trimm s'était changé en Thomas Grimm, trait de génie qui sauvait le moment difficile de la transition. On dit que les deux tiers des candides abonnés ne se sont jamais doutés du changement. Grimm, Trimm, c'est tout un pour les yeux et pour l'oreille. Il est vrai que les nouveaux venus qui se cachaient sous ce pseudonyme collectif n'étaient que la monnaie de M. de Turenne; mais ils avaient attrapé le procédé de leur illustre prédécesseur: ils multipliaient les alinéas, ils parlaient des hannetons et des petits oiseaux, ils avaient hérité de cette paire de ciseaux qui découpaient si gaillardement le *Dictionnaire de la conversation;* on les lisait de confiance et le journal continuait à marcher par la force d'impulsion qu'il avait reçue. Bien que le Thomas Grimm en fût venu bien vite à ne plus ressembler du tout au Timothée Trimm d'autrefois, plus d'un lecteur du *Petit Journal* a dû être surpris d'apprendre, peut-être par Grimm lui-même, que Trimm était mort.

On s'est beaucoup égayé aux dépens de l'homme et du chroniqueur : rien n'était plus facile, et cela lui était bien égal. Le chroniqueur avait poussé le culte de la compilation, le développement du lieu commun et le génie de l'alinéa à des limites inconnues avant lui. Alexandre Dumas et Ponson du Terrail faisaient un alinéa pour chaque phrase; Timothée Trimm en faisait un pour chaque virgule. Les typographes l'auraient porté dans leur cœur s'il n'eût eu, par malheur, une écriture hiéroglyphique dont il n'était pas toujours facile de sonder les arcanes.

On a ri aussi de ses bévues restées célèbres. C'est lui qui a qualifié le cœur de Voltaire d'illustre *vertèbre;* qui a parlé des éperons des Centaures; qui a fait verser par un amphitryon à son invité un verre de vin de Constance « datant du concile », sans se douter que la Constance du concile est aussi loin de la Constance où se récolte le vin que la Suisse du cap de Bonne-Espérance. Ce sont là les écueils de l'improvisation. Que celui de nous qui est sans péché lui jette la première pierre.

L'écrivain faisait absolument tout ce qui concerne son état. Il a travaillé dans le genre gai, le genre triste, le genre effrayant, le genre moral, le genre léger. Il a créé des journaux par douzaines, depuis *le Journal-Monstre* jusqu'au *Journal-Miniature*, depuis *la Presse théâtrale* jusqu'au *Magasin des familles*, depuis la *Revue des loteries* jusqu'au *Journal des marchands de vin*. Il a rédigé avec onction *le Journal des prédicateurs*, à peu près à l'époque où M. Auguste Lefranc, le joyeux fournisseur du Palais-Royal, créait *la Chaire catholique*. O bons curés de village, à quelles étranges spéculations les vaudevillistes et les Mercadets parisiens se livrent parfois sur votre pauvre budget, et comme votre confiance les y encourage de son mieux !

L'homme n'était pas moins bizarre que l'écrivain. Léo Lespès fut l'un des types les plus excentriques de la littérature. Ses éclatants gilets de velours, ses amples cravates rouges, ses chemises de couleur, ses pantalons à la housarde, ses étonnantes chaines de montre lui donnaient une vague ressemblance avec un marchand de vulnéraire. Il avait des moustaches formidables, une voix flûtée, et personne ne peut se vanter de l'avoir vu, en ses derniers temps, marcher dans la rue. Il allait toujours en voiture ; les cochers le connaissaient, et ils étaient fiers de mener M. Timothée Trimm. On se retournait sur le boulevard pour le voir passer dans sa pourpre, triomphant, superbe et doux, trônant sur les coussins de sa calèche découverte, avec la naïve gloriole d'une femme colosse gâtée par l'admiration de messieurs les militaires. J'ai vu un jour quarante personnes attroupées sur le boulevard et contemplant avec une curiosité intense, par la fenêtre ouverte d'un café-restaurant bien connu, le dos de l'écrivain populaire, assis à une table et occupé à déguster gravement une douzaine d'huîtres. On entendait courir des frémissements dans la foule, composée surtout de provinciaux: « C'est Timothée Trimm ! » Au bout de dix minutes, le rassemblement s'était accru jusqu'à gêner sérieusement la circulation, et les sergents de ville, d'ailleurs fascinés eux-mêmes en sachant de quel illustre personnage il s'agissait, ne vinrent pas sans peine à bout de le dissiper.

Ces hommages flattaient la vanité du chroniqueur, et on l'accusait même de se livrer parfois, dans les cafés où il écrivait ses articles, et où les garçons étaient pleins d'égards pour lui, à des manœuvres savantes pour les provoquer.

Jamais personne n'eut un plus merveilleux instrument de publicité à sa disposition. C'était vraiment le levier d'Archimède, avec lequel un homme de génie ou un apôtre eût soulevé le monde. Parler chaque jour à un million de lecteurs qui croient en vous, qui attendent l'un de vos articles comme la manne, qui répètent votre nom avec enthousiasme, quelle force que celle-là, et quel dommage de la laisser perdre !

La chronique n'est pas ce qu'un vain peuple pense. Elle peut n'être frivole qu'en apparence et tirer de cette apparence même un secours nouveau pour atteindre un but sérieux. Un chroniqueur naturellement doué comme Timothée Trimm, disposant d'un journal comme le sien, sûr d'un auditoire pareil, libre de parler à sa guise, et qui saurait joindre aux qualités réelles, sinon bien hautes, de bonhomie, de désinvolture, de verve familière, de clarté, d'aisance, de mouvement, qu'il a montrées dans ses meilleurs jours, le dévouement à une croyance ou à une idée, l'esprit de suite, le respect de sa tâche, la dignité de la vie et du travail, celui-là arriverait à exercer sur les masses une influence toute-puissante, comparable en son genre pacifique à celle d'O'Connell sur le peuple irlandais. Que de bien il pourrait faire ! Que de vérités à semer, que de préjugés et d'erreurs à combattre, que de mensonges à

dévoiler, que de malentendus et de haines à détruire !
C'est un beau rêve. Si nous en voulons un peu à
Timothée Trimm de n'y avoir guère songé, sachons-
lui gré du moins d'avoir amusé son public, et
même de l'avoir quelquefois instruit, sans jamais le
corrompre.

AMBROISE-FIRMIN DIDOT

I

26 février 1876.

M. Ambroise-Firmin Didot est mort le 22 février 1876 dans la maison où il était né le 20 décembre 1790. Il avait vu une vingtaine de gouvernements, quatre rois, y compris Louis XVI, deux empereurs, trois républiques, la Terreur et la Commune : il était las et s'en est allé sans regrets. Fils de Firmin Didot, inventeur de la stéréotypie, poète, auteur tragique et député; neveu de Pierre Didot à qui l'on doit les magnifiques éditions du Louvre, spécialement le *Virgile*, l'*Horace*, le *Racine*, proclamés « les plus parfaites productions typographiques de tous les pays et de tous les âges, » par le jury de 1806; petit-fils d'Ambroise, imprimeur du comte d'Artois, qui a attaché son nom à la belle collection de classiques *ad usum Delphini* ; arrière-petit-fils de François, libraire en 1713 à l'enseigne de la Bible d'Or et syndic de la communauté, — ce patriarche de l'art typographique, chef de la plus illustre maison d'imprimerie et de librairie du monde, représentait la quatrième génération d'une dynastie dont la célébrité remonte à la fin du règne de Louis XIV.

Il avait encore étendu le domaine héréditaire par la création d'établissements nouveaux et accru la gloire de sa maison par des publications monumentales, qu'elle était seule capable de mener à bon terme.

M. Didot réunissait bien des aptitudes diverses, dont l'ensemble formait une figure originale et rare. Ce n'était pas, comme tant d'autres éditeurs, un simple marchand de papier noirci. L'industriel et le commerçant se doublaient en lui d'un bibliophile éclairé, dont les collections de gravures sur bois, d'incunables, de romans de chevalerie, de manuscrits précieux, de riches et antiques reliures n'avaient point de rivales, et le bibliophile se doublait lui-même d'un érudit pour qui ses livres n'étaient pas uniquement des meubles, ses estampes des objets de luxe et d'ostentation, mais qui savait profiter et faire profiter le public des trésors de son incomparable bibliothèque, comme de son riche musée xilographique. C'est là qu'il a puisé tous les éléments **des ouvrages** qui lui ont valu, vers la fin de sa vie, le titre de membre de l'Académie des Inscriptions et qui assurent à son nom, en dehors de sa célébrité professionnelle, une réputation durable : ses divers catalogues raisonnés : l'*Essai sur l'histoire de la gravure sur bois*, les études sur Joinville et sur Jean Cousin, les *Observations sur l'Orthographe française*, les notices sur les Estienne et le livre sur *Alde Manuce et l'hellénisme à Venise*, chapitres détachés par anticipation de cette histoire générale de l'imprimerie que personne n'était plus à même d'écrire et dont, à plus de quatre-vingts ans, dans toute l'activité littéraire de sa verte et laborieuse vieillesse, il annonçait la publication prochaine ; la traduction d'Anacréon et celle de Thucydide, dont il préparait une nouvelle édition depuis plusieurs années avec une infatigable ardeur.

Parmi les personnes qui tenaient les cordons du poêle on remarquait M. Delyannis, chargé d'affaires de Grèce à Paris, et, dans le cortège funèbre, j'ai entendu dix fois résonner à mes oreilles la langue d'Homère, ou plutôt celle de Canaris. C'est que M. Didot était à la fois un helléniste et un philhellène. Élève de Boissonade et de Coraï, il avait le premier proposé, en 1823, une souscription en faveur des Grecs révoltés, et il fut le promoteur principal et le secrétaire du comité formé pour favoriser leur cause. C'est lui qui avait donné à la Grèce, dans ce fameux voyage en

Orient où il alla visiter lady Stanhope et où il découvrit quelques restes de la citadelle de Troie, sa première imprimerie et son premier imprimeur. Il y avait joint pour la ville de Chios une belle bibliothèque, qui fut détruite par les Turcs pendant la guerre de l'indépendance.

« J'ai vu monsieur votre fils, écrivait de Florence Paul-Louis Courier, en 1810, à Firmin Didot père, l'inventeur de la stéréotypie, et personne ne m'intéresse davantage. Toute la Grèce en parle et fonde sur lui de grandes espérances. »

Le grec est resté jusqu'au bout la grande passion du vénérable vieillard. Sur ce sujet, il ne tarissait pas. Savoir le grec était le plus sûr moyen de conquérir sa faveur. Il était heureux chaque fois qu'il pouvait causer en grec, lui qui, en 1816, à l'âge de vingt-six ans, était allé s'enfermer pendant plusieurs mois au gymnase de Cydonie, en Asie-Mineure, pour se perfectionner dans la connaissance de cette langue.

Des deux grandes passions de M. Didot, celle du grec et celle des incunables, des manuscrits à miniatures et des vieilles estampes, on ne saurait dire quelle était la plus impérieuse. Au moment du siège, il fit transporter en Angleterre ses plus beaux manuscrits. « J'ai eu des Allemands pour secrétaires, disait-il, et je m'en méfie. Ces gens-là connaissent trop bien ma bibliothèque et ils sont capables d'avoir noté d'avance les bons endroits. » C'était tout son luxe. Si l'on faisait la vente de M. Didot, son écurie n'exercerait aucune attraction sur les amateurs, mais ses livres mettraient tous les bibliophiles du monde entier en mouvement [1]. Les deux chevaux attelés à sa voiture valaient à peine le prix de la moindre des plaquettes recouvertes de reliures de choix qu'on voyait derrière les vitres de son grand cabinet de travail.

Dans ce sanctuaire, M. Didot passait tous les moments qu'il pouvait dérober à ses occupations courantes. On l'y trouvait le dimanche presque toute la journée. Une fois plongé dans l'examen de ses livres ou de ses portefeuilles et dans l'explication de son Thucydide, M. Didot faisait, aux heures des repas, le désespoir de la cuisinière, qui lui expédiait messages sur messages pour lui annoncer que le déjeuner était servi. « Tout à l'heure, » répondait-il la première fois. — « Tout de suite, » répondait-il un quart d'heure après. Puis il reprenait la conversation et n'y pensait plus. Il avait d'ailleurs ses distractions et, lorsqu'il était préoccupé d'une question typographique ou xilographique, il lui arrivait parfaitement, après s'être fait conduire au conseil municipal, d'oublier que sa voiture l'attendait à la porte, de s'en

---

[1]. On sait quel événement a été, à diverses reprises, la vente de ses livres, de ses manuscrits et de ses estampes, qui ont produit plus de quatre millions.

revenir à pied et de laisser le cocher se morfondre jusqu'à dix heures du soir.

On le relançait de toutes parts dans cet asile : les amis, les solliciteurs, les marchands d'estampes se succédaient. M. Didot ne savait pas résister à une belle épreuve d'Albert Durer ou de Marc Antoine ; il essayait de se défendre pourtant, il se récriait contre le prix, il prenait une figure de circonstance. Rien n'était curieux comme ces changements à vue de sa physionomie, lorsqu'elle passait sans transition de l'épanouissement le plus complet à l'aspect le plus morne et le plus accablé. Ses yeux s'éteignaient derrière ses lunettes, sa lèvre inférieure s'allongeait démesurément, sa voix prenait des accents navrés. Mais, si l'on tenait bon, il finissait par se rendre. Combien de fois, dans les ventes, n'a-t-on pas profité de ses goûts connus pour pousser un incunable ou un manuscrit orné de miniatures sur vélin, et le faire monter à des prix fabuleux ! Il emportait sa proie avec une joie troublée d'un certain remords, et la montrait à ses amis avec un mélange bizarre des sentiments les plus opposés :

— Avez-vous vu le missel que j'ai acheté la semaine dernière ?

— J'en ai entendu parler. Je serais bien curieux de le voir.

— Un chef-d'œuvre de calligraphie, mon ami, un

vrai chef-d'œuvre ! A-t-on jamais rien vu de plus beau ?

— Magnifique, en effet. Combien cela vous a-t-il coûté ?

— Oh ! mon ami (ici la physionomie s'éteignait subitement), c'est une folie. On abuse de moi. — Regardez cette initiale (la physionomie s'éclairait), quelle finesse ! quelle élégance ! — On connaît ma faiblesse. Il n'y a plus moyen d'aborder les ventes. C'est extravagant. — Et cette miniature ! Elle est certainement de Van Eyck.

Avec son affabilité charmante, M. Didot avait pris plaisir, après son acquisition, en 1861, à me montrer ce fameux missel de Juvénal des Ursins, le plus illustre de ses manuscrits, une merveille que personne ne verra plus et dont il ne subsiste que la description écrite par lui. Je me rappelle encore, comme si je les avais toujours sous les yeux, ces riches bordures enveloppant les marges de chaque page, ces milliers de lettres en couleur, sur fond d'or enrichi de fruits, de fleurs, de rinceaux, d'armoiries ; ces deux grandes miniatures occupant une page entière et ces cent-trente-huit plus petites, encadrées dans des lettres initiales qui étaient à elles seules d'admirables œuvres d'art, — toutes d'une finesse exquise, d'une perfection de peinture rappelant les productions les plus achevées de Fouquet. Ce

Pontifical avait été acheté dix mille francs en 1849 par le prince Soltikoff à la vente de Bruges; en douze ans, il avait plus que triplé de prix. L'annonce de sa nouvelle mise en vente avait jeté l'émoi dans le monde des bibliophiles. D'un bout à l'autre de l'Europe, les plus riches amateurs s'agitaient : le *British Museum* avait dépêché de Londres le libraire habituellement chargé de ses acquisitions ; on parlait d'une espèce de *bande noire* qui s'était formée pour l'acheter à tout prix, se proposant de le dépecer et d'en vendre les miniatures isolément. L'alarme était grande parmi les amis de l'art français du moyen âge, et la victoire de M. Didot, quand, après une lutte acharnée, le missel lui fut adjugé pour trente quatre mille deux cent cinquante francs (près de trente six mille avec les frais), fut accueillie par les applaudissements les plus enthousiastes, comme un triomphe national.

Le conseil municipal qui, avant la vente, n'avait prêté qu'une oreille fort distraite aux instances de M. Didot cherchant à lui démontrer l'intérêt de cette acquisition pour la ville de Paris, fut éclairé tout à coup par ce résultat, et le chiffre de l'achat le pénétra d'une considération profonde pour le manuscrit. Les écailles lui tombèrent des yeux et il comprit alors quelle valeur avaient, pour l'histoire du vieux Paris, comme pour celle de l'art indigène, des miniatures où l'on retrouvait les costumes de nos pères, leurs logis, leurs places, leurs monuments, la maison aux Piliers, le chœur de la Sainte-Chapelle tel qu'il existait au quinzième siècle. Vivement sollicité par le préfet de la Seine et par ses collègues, M. Didot consentit à se dessaisir, au prix coûtant, du chef-d'œuvre d'abord dédaigné. On lui vota des remerciements et le Missel fut déposé avec un religieux respect à la bibliothèque de l'Hôtel de Ville, sur le rayon d'une armoire qui s'ouvrait dans l'épaisseur du mur, et dont les initiés seuls connaissaient l'existence. C'est là qu'il a été dévoré par l'incendie de 1871, qui sut parfaitement trouver le secret de la cachette.

Un jour, je m'étais laissé entraîner, moi aussi, à une *folie*, en assistant à la vente d'une collection connue. J'avais poussé jusqu'à six cents et quelques francs un portrait de la duchesse de Berry qui, par le nom de l'artiste, était pour moi un souvenir de famille. Comme les gens de lettres n'ont pas généralement six cents francs sur eux, dès que le coup du marteau d'ivoire m'eut adjugé le morceau, je fis passer ma carte au commissaire-priseur, qui voulut bien s'en contenter — provisoirement, — et, en sortant de l'hôtel Drouot, j'allai voir M. Didot pour lui demander une avance sur un travail assez considérable que je publiais alors chez lui.

— J'aurais besoin de six cents francs tout de suite, lui dis-je, pour retirer une miniature que je viens d'acheter à la vente X.

— Ah! ah! mon ami, vous êtes donc un amateur, vous aussi! Vous allez me faire concurrence!

Et il se frottait les mains énergiquement, avec une physionomie radieuse :

— Vous me montrerez cela, vous me montrerez cela.

— Certainement, monsieur.

— Je vais vous faire donner vos six cents francs. Ah! mon gaillard!... Elle est sur vélin?

— Non, sur ivoire.

— Sur ivoire?... Vous me montrerez ça. Et que représente-t-elle?

— La duchesse de Berry.

— Comment, la duchesse de Berry! Quelle duchesse de Berry ? De quelle époque est donc votre miniature ?

— Elle est de 1829.

Changement à vue. La figure s'éteint comme une bougie sur laquelle on souffle, comme un décor brillant sur lequel retombe la toile de fond. M. Didot prend son air consterné ; il fait entendre un claquement de langue désapprobateur :

— De 1829 !... Mon pauvre ami, je vous croyais plus raisonnable. Six cents francs ! La duchesse de

Berry ! Comment faites-vous des folies pareilles ? Un père de famille !

— Que voulez-vous ? L'entraînement, le feu des enchères ; vous connaissez cela... Auriez-vous l'obligeance de me donner ce bon sur la caisse ?

— Six cents francs, c'est beaucoup d'argent, mon ami ! Le commerce va mal. La librairie est morte en France ; on ne lit plus les livres sérieux. Je vais vous faire donner deux cents francs, si vous y tenez ; c'est tout ce que je puis faire. La duchesse de Berry !...

La passion de M. Didot pour sa bibliothèque rejaillissait en attachement sur le secrétaire qui l'aidait à la mettre en ordre et à en dresser le catalogue. Il en donna une preuve singulière en lui faisant l'honneur très inattendu d'admettre son nom dans la *Nouvelle Biographie générale*. Le directeur de ce recueil essaya quelques objections :

— Que voulez-vous ? répondit l'excellent M. Didot, Il me l'a demandé. Je tiens à lui faire plaisir : c'est un brave garçon. Il commence à bien savoir le grec ; cela l'encouragera.

Et le secrétaire a une notice de soixante lignes, — cinquante de plus que Desbarreaux ; soixante de plus que M. John Lemoinne, qui n'en a pas du tout.

II

Ici, permettez-moi d'ouvrir une longue parenthèse. En fermant les yeux, je la revois, cette vieille salle oblongue, située au deuxième étage de la librairie, où pendant quinze ans, de 1852 à 1866, se brassa la *Nouvelle Biographie générale*. On y montait par un escalier obscur. La salle était tapissée du haut en bas de toutes les encyclopédies possibles dans les diverses langues de l'Europe. Il y avait là des centaines de répertoires : Lacroix du Maine et Duverdier, le Père Lelong, Moréri, Bayle, Chauffepié, Marchand, *les Jugemens des sçavants* de Baillet, *les Hommes illustres* du Père Niceron, la *Bibliothèque française* de l'abbé Goujet, l'*Histoire littéraire de la France*, les frères Parfaict, Brunet, Sainte-Beuve, le *Dictionnaire de la conversation*, la *Biographie des hommes vivants*, Barbier, Quérard, Louandre et Bour-

quelot, Michaud, Feller, et des allemands, et des
taliens, et des anglais, que sais-je encore ?

Vers onze heures, invariablement, le docteur Ferdinand Hoefer arrivait, changeait de redingote dans la petite pièce du fond, réservée pour cette opération intime et pour les entretiens avec les collaborateurs illustres qui venaient conférer de quelque grand article, puis s'asseyait au bout de la longue table déjà garnie de rédacteurs, sur un fauteuil de paille et devant un pupitre, signes de sa dignité directoriale.

C'est en 1855, s'il m'en souvient bien, que je pénétrai pour la première fois dans ce laboratoire. J'étais tout au début de ma vie littéraire, — hélas ! comme la Lisette de Béranger, je parle de longtemps ! — et l'idée me vint d'aller offrir mes services à l'excellent docteur, qui me fit subir un petit interrogatoire cordial, après lequel il m'accueillit à bras ouverts. Séance tenante, il me confia un article qui devait avoir la dimension de trois colonnes, et promit de m'en réserver beaucoup d'autres, s'il était content de ce premier essai. Ce savant docteur était un Allemand francisé, qui avait gardé quelque chose des brouillards germaniques, et qui eût mieux été à sa place à la tête d'un dictionnaire de chimie. Sa bonne figure à lunettes et sa voix aiguë manquaient un peu de prestige, mais sa belle taille offrait une certaine compensation.

La *Nouvelle Biographie générale*, comme toute grande publication de ce genre, avait ses collaborateurs sur place et ses collaborateurs au dehors. Les premiers venaient régulièrement chaque jour s'atteler à la besogne, de neuf ou dix heures du matin à quatre heures du soir, en hiver, et à six heures en été. C'était les *utilités :* ils faisaient le gros de la besogne, la masse d'articles qui forme comme l'ossature de toute encyclopédie et dont personne ne se chargerait sans eux, — la série des Dubois, des Dupont, des Leblanc, des Martin, des Durand, ces infiniment petits de la gloire, ces nébuleuses de la publicité : — Durand (J.-A.), savant français, né à Bordeaux vers 1787, auteur du *Code des créations universelles;* Durand (Pierre-Bernard), botaniste; Durand (Laurent), poète et théologien, à qui l'on doit *les Cantiques de l'âme dévote;* Durand (Jean-Nicolas-Louis), architecte; Durand (Jean-Baptiste-Léonard), administrateur; Durand (Bernard), jurisconsulte, et cinquante autres Durand, tous plus inconnus et plus indispensables les uns que les autres. Heureux qui tombait sur une veine pareille ! Ah ! il n'y avait pas de danger qu'il oubliât un seul des cinquante Durand. Il en aurait plutôt ajouté dix.

D'avance on se partageait fraternellement les lettres par tranches bien distinctes: l'un se char-

geait du c-*a*, l'autre du c-*e*, les suivants du c-*i*,
du c-*o*, du c-*r*. Ou encore le premier prenait pour
lui les savants, le second les artistes, le troisième
les personnages politiques et les souverains. Les
vieux routiers, nourris dans le sérail et connaissant plus d'un tour, s'arrangeaient de manière à
ce que leur lot comprît un de ces riches filons.
Puis on faisait des trocs : « Qui veut le reste de
mes Duchesne ? — Moi. — Oui, mais que me donnerez-vous en échange ? — J'ai trois Duhamel à
vous offrir. — Merci ! trois Duhamel contre huit
Duchesne ! — Vous ne savez donc pas que les
Duhamel prêtent beaucoup. Vous avez le Duhamel
astronome et le Duhamel métallurgiste, qui peuvent
fournir chacun quatre colonnes, et il y a des anecdotes ; voyez dans Fontenelle. — Ah ! des anecdotes ! Elle est bonne ! Pour que le père Hoefer
me les coupe, comme l'autre jour dans mes Dubois ! »
Le docteur Hoefer coupait volontiers, en effet, les
anecdotes de ses collaborateurs domestiques et ne
leur permettait guère de tirer à la ligne.

— Mon cher, entendait-on à l'autre bout de la
table, voulez-vous changer mes Louis de Hesse-Darmstadt contre vos Louis de Hongrie ? — Je veux bien,
mais vous me donnerez du retour. — Comment ça ?
— Comment ça ! J'en ai pour sept colonnes avec mes
Hongrie, tandis que vos Hesse-Darmstadt, en mettant

le plus de sauce possible, ne pourront dépasser quatre colonnes.

Et l'on abattait la besogne. On fabriquait les articles à la vapeur, en retournant ceux du Père Niceron ou de Chauffepié, en cousant quelques lignes de l'un avec quelques lignes de l'autre, en changeant la tournure d'une phrase, en mettant derrière celles qui étaient devant, et *vice versa*. Les rédacteurs habituels acquéraient bien vite dans cet exercice une habileté profonde à démarquer le linge d'autrui. Quelques-uns savaient copier un article d'un bout à l'autre, de manière à défier l'œil le plus exercé. On parlait avec admiration d'un garçon qui se faisait en moyenne une douzaine de francs par jour à cette besogne. La feuille à deux colonnes était payée cent francs, ce qui faisait à peu près trois francs la colonne. Les novices trop consciencieux, ne sachant pas encore se retourner à travers la bibliothèque et perdant un temps précieux en recherches, n'arrivaient pas à gagner cent sous dans leur journée.

Je ne fus jamais qu'un collaborateur du dehors, mais j'avais fini par être presque de la maison et, dans mes nombreuses visites, que de types j'ai vus défiler! Il y avait là le débutant qui cherchait sa voie et s'assurait un gagne-pain en attendant qu'il l'eût trouvée, et l'homme mûr revenu de toutes les illusions de la gloire, de tous les rêves de la vie, prenant sa retraite dans cette confection d'articles à la toise, à laquelle il apportait, sans aucun entrain, une vieille expérience de métier. Il y avait le collaborateur d'accident, le nomade qui ne faisait que traverser la *Biographie*, et le collaborateur professionnel, type accompli du compilateur, rédacteur de dictionnaires et d'encyclopédies par spécialité, toujours en quête de chaque nouvelle entreprise de ce genre et s'y présentant dès le premier jour, ayant collaboré auparavant à la dernière édition de la biographie Michaud, à l'*Encyclopédie catholique*, à l'*Encyclopédie moderne*, collaborant aujourd'hui au supplément du *Dictionnaire de la Conversation* et au Larousse; inquiet, actif, besoigneux, prêt à toutes les tâches, qu'on a revu depuis chez Vapereau, chez Dezobry et Bachelet, dans toutes les librairies débutantes ou subalternes, fabriquant *ad libitum* des atlas, des manuels, des traités sur les matières les plus diverses, des abrégés, des questionnaires, des tables, des armoriaux, des annuaires; colportant de bureau en bureau des notices nécrologiques, et accourant dans chaque journal en déconfiture pour s'offrir à prix réduit comme rédacteur à tout faire, jusqu'à la liquidation. Il y avait enfin le fruit sec, reproduisant précieusement toutes les erreurs de ses prédécesseurs, répétant leurs jugements, donnant dans tous les poncifs et tous les clichés, absolument incapable de s'élever au-dessus de l'article en une colonne, coulé dans le moule antique et solennel : LAMBERT (Louis-Isidore), célèbre écrivain français, né à Lyon, le 3 août 1713, d'une famille pauvre, mais honnête, etc., — et le travailleur, le chercheur, cloué à cette besogne par la nécessité d'un gain régulier, quelquefois même par son caractère et sa nature d'esprit, mais rédigeant ses plus petits articles avec la conscience de l'érudit modeste tourmenté du besoin de contrôler chaque détail, et donnant sa mesure de temps à autre dans de grandes notices sur des personnages importants que n'avait retenus aucun rédacteur du dehors.

Dans les premiers volumes de la *Nouvelle Biographie générale*, vous trouverez assez fréquemment le nom d'Hector Malot au bas de petits articles de vingt ou trente lignes. A la même date, cette étrange figure de bohême qui avait nom Antonio Watripon se rencontrait dans les bureaux avec le chevalier de Paravey, les yeux recouverts d'une énorme visière verte qui ressemblait à un auvent. M. Sardou y fit lui-même une apparition en 1855, au moment où, meurtri par la chute de *la Taverne des Étudiants*, il cherchait fortune en dehors du théâtre. Il y rédigea l'article *Cardan*, en érudit que les sciences occultes ont toujours attiré. A l'occasion, lisez cette notice : elle est curieuse. Ah! qu'il était pauvre et maigre alors, M. Sardou! Depuis, il est toujours resté maigre. L'auteur des *Bourgeois de Pont-Arcy* se souvient-il des 30 francs 25 centimes qu'il a dû toucher pour ce travail, qui lui avait coûté peut-être autant de peine qu'une de ses comédies ?

Devant une petite table à part, dans le fond, se tenait M. Léo Joubert, qui traitait surtout dans la *Biographie*, avec beaucoup de compétence et d'autorité, les grands écrivains de l'antiquité grecque. On montrait aux nouveaux venus un homme de cinquante ans, au nez rouge, taciturne, qui avait été quelque temps, disait-on, directeur d'un journal bien connu, et à qui l'amour du jeu, de la bouteille et de diverses distractions analogues, aussi ruineuses que peu honorables, n'avait laissé d'autre ressource que de venir fabriquer de la copie sous la direction de son parent, le docteur Hoefer.

Il y avait un juif camard, que les néophytes traitaient avec une grande considération, parce qu'il avait fait un article dans la biographie Michaud. Un autre, avant M. Jal, se vantait d'avoir dépouillé tous les registres de l'état civil de Paris, relevé tous les actes de baptême, de mariage et de décès des personnages célèbres. Chaque fois qu'un article venait de paraître, signé du nom d'un écrivain connu, il apportait en ricanant un extrait plus ou moins authentique, pour prouver que l'écrivain s'était trompé de quinze jours dans la date de la naissance ou de la mort, et il triomphait en s'écriant : « C'est toujours comme cela ! On s'adresse à ceux qui ne savent rien. »

De temps à autre M. Didot faisait une apparition aimable et souriante dans l'atelier de la *Biographie*, où il a publié lui-même quelques notices. Il causait avec les collaborateurs, donnait un conseil, distribuait quelques remontrances, encourageait celui-ci, suggérait une idée à celui-là, complimentait un autre sur son dernier article, qui lui « ferait beaucoup d'honneur », car il sut toujours discerner, dans les grands recueils que publiait sa librairie, les articles bien faits, sortant de la moyenne, et, si l'auteur était pauvre ou inconnu, il s'intéressait à lui, le poussait, le casait au besoin dans une place de correcteur, d'employé, de secrétaire.

Oh ! l'aimable et charmant homme ! l'affable et courtois vieillard ! Quoiqu'il fût enclin au pessimisme dans les dernières années de sa vie et qu'il répétât sans cesse, comme un refrain décourageant, que c'était une duperie de faire et d'imprimer aujourd'hui des livres sérieux, il suffisait d'avoir le goût de la littérature et de l'érudition pour trouver l'accueil le plus bienveillant auprès de ce patriarche de la librairie française. Il aimait les jeunes gens, et il aimait également les lettres, d'un amour que les *parnassiens* ou les *naturalistes* eussent trouvé passablement suranné, car il était de l'ancienne école, mais fort sincère, plein d'ardeur, presque juvénile et qui lui assure une place dans le chœur des imprimeurs et libraires ayant le droit d'inscrire une plume dans leurs armes, — entre les Estienne et les de Bure.

H. DE VILLEMESSANT

15 avril 1879.

S'il est un homme dont le nom appartienne à la chronique, c'est M. de Villemessant. Tout Paris le connaissait, et il connaissait tout Paris. Qui ne l'a vu, qui ne l'a rencontré sur les boulevards, au théâtre, en chemin de fer, à Nice, à Bade, à Monaco, partout où était Paris, toujours actif, joyeux, abondant en saillies, débitant d'une voix qu'on n'oubliait plus quand on l'avait une fois entendue, des nouvelles à la main et des gauloiseries, emplissant enfin tous les lieux où il paraissait de sa personnalité bruyante et goguenarde.

M. de Villemessant était taillé en vigueur et semblait bâti pour vivre centenaire. Il se l'était prédit dans ses *Mémoires*, mais de tels pronostics portent généralement malheur. Sa mort à soixante-sept ans est tout à fait imprévue et prématurée. Quoiqu'il soit difficile de se représenter un Figaro vieux et que ces deux mots « hurlent d'effroi de se voir accouplés », cependant on le croyait généralement plus âgé qu'il n'était. Il y avait si longtemps qu'il faisait parler de lui ! En outre, M. de Villemessant, marié à dix-huit ans, était grand-père à trente-six, et cela vieillit un homme. Mais cela ne le vieillissait guère en réalité. Depuis que le monde existe, on n'avait jamais vu un aïeul si jeune, si alerte, si dépourvu de toute prétention à la gravité, au prestige, au sacerdoce, de tous les attributs qui constituent la physionnomie idéale de l'ancêtre, — si complètement Figaro enfin !

J'ai sous les yeux les six volumes des *Mémoires d'un journaliste* que M. de Villemessant a publiés chez Dentu, de 1867 à 1878. A vrai dire, ce sont un peu les mémoires de tout le monde. Il n'y parle pas seulement de lui, mais de tous ceux qu'il a connus, de tous les compagnons de sa vie *boulevardière*, de ses amis, de ses collaborateurs. Vous rencontrez pêle-mêle, dans cette amusante et fourmillante galerie, peinte à la diable, avec une verve turbulente, sans aucune préoccupation d'un plan méthodique et régulier, mille et une figures de chroniqueurs, d'hommes du monde et d'hommes de plaisir, d'artistes, de soupeurs, de célébrités dans les genres les plus divers, avec une foule de détails intimes et pittoresques puisés dans les souvenirs personnels de l'auteur ou dans la mine inépuisable du *Figaro*. Ce sont, par exemple : la duchesse d'Abrantès, la comtesse Dash et Alice Ozy, Auguste Villemot, Léo Lespès, Alexandre Dumas et le comte de Chambord, Roger de Beauvoir, lord Seymour, Solar, Rachel, Halévy, Offenbach, Khalil-Bey, Nadar, Collet-Meygret, Persigny, Morny et les hommes de l'empire, Jules Favre et les personnalités de la République, Rochefort, Raoul Rigault et les gens de la Commune. Il ne se vantait pas en écrivant dans son introduction : « J'ai connu, j'en suis sûr, tous les hommes de lettres de mon époque, petits et grands. J'ai vu de près bien des personnages d'importance. »

Si vous lisez les *Mémoires d'un journaliste*, vous saurez l'homme par cœur, avec ses qualités, qui étaient réelles, et ses défauts, qui n'étaient pas minces, et que d'ailleurs il ne songe nullement à dissimuler. Il s'est peint au naturel, surtout dans le tableau de son enfance et de sa jeunesse, qui est, à vrai dire, la seule partie de l'ouvrage à laquelle convienne exactement le titre de *Mémoires*.

« De tout temps, mon humeur m'a porté à me mettre en avant. Je suis par caractère bruyant, tapageur et enclin, même sans le vouloir, à faire plus de vacarme que les autres : c'est dans le sang. »

On voit que l'aveu est sincère : M. de Villemessant se connaissait bien et ne *posait* pas. Il ajoute que sa nature lui a valu plus d'une querelle, que nombre de gens l'ont pris *en grippe* sur une première impression qui plus tard sont devenus ses amis. En effet, M. de Villemessant valait mieux que ses apparences. On peut bien dire, puisqu'il le dit lui-même, que son abord ne prévenait pas en sa faveur, et que ni le son de sa voix ni le ton de sa causerie n'étaient faits pour séduire tout le monde. Mais, sous cette écorce blasée, bronzée, *culottée*, cuirassée, sous cette triple enveloppe de *blague* qui ne laissait transparaître aucune émotion et où l'on eût aussi vainement cherché un symptôme de candeur que le duvet de la pêche sur la joue de mademoiselle Schneider, se cachait un cœur facile à attendrir, très sensible aux affections de famille et très pitoyable à toutes les misères. Ce sceptique narquois et roué, à qui il ne fallait pas *la faire*, et qui de bonne heure s'était cuirassé d'une expérience railleuse, avait le cœur généreux et la main ouverte, — on l'a vu par les innombrables souscriptions du *Figaro*. Peu tendre et peu commode pour ses adversaires, du moins il ne gardait pas longtemps rancune ; il avait le coup de boutoir rude, la vengeance prompte et souvent cruelle, mais il était dépourvu de fiel. S'il ne lui coûtait pas beaucoup de blesser un ami, il ne lui coûtait guère non plus de se réconcilier avec un ennemi, et de prendre pour collaborateurs, lorsqu'il y trouvait son compte, ceux qui l'avaient le plus maltraité.

Le petit Hippolyte fut élevé chez sa grand'mère, madame de Saint-Loup, qui ne lui laissa point « user ses hauts-de-chausses sur les bancs de l'école communale », disant qu'elle ne voulait pas « lui casser la tête pour en faire un savant et qu'il en saurait toujours assez ». M. de Villemessant, en effet, ne fut rien moins qu'un savant et un lettré. L'Académie française ne lui est jamais apparue en rêve. Je pense même, à en croire seulement la moitié de ce qu'on raconte, que ses autographes doivent être rares. Il lui fallut toujours un secrétaire et ce qu'on appelle dans l'argot du petit journal *un teinturier*.

Mais sa verve suppléait à tout. Journaliste né, frotté de bonne heure aux esprits les plus raffinés et les plus subtils, doué d'un flair étonnant, d'une mémoire prodigieuse, d'une intelligence singulièrement agile et délurée, cette absence de toute éducation littéraire ne l'a pas empêché plus tard de fonder et de diriger une quantité considérable de feuilles légères, pour lesquelles il savait découvrir et dresser des rédacteurs, où il payait même largement son écot en monnaie sonnante de bons mots et de bons contes. Il parlait, un autre écrivait ; il éclatait de traits malins, il débordait d'épigrammes, il pétillait de saillies, il crépitait de mots à l'emporte-pièce, et on n'avait qu'à fixer les fusées de ce feu d'artifice. Tout ce qu'il a laissé signé de son nom est marqué, de la première à la dernière ligne, au coin du même style sans façon, narquois, *bon enfant* et tout à fait personnel. L'axiome de Pascal : « Le moi est haïssable, » ne l'a jamais embarrassé. Personne ne s'est mis plus souvent ni plus familièrement en scène. Combien de fois a-t-il entretenu ses lecteurs, avec l'abandon d'une causerie au dessert, de son journal, de ses projets, de ses gendres, de ses filles, de ses amis et de ses ennemis ! Il connaissait bien son public, friand de ces confidences intimes et des indiscrétions de tout genre.

Il passa donc son enfance et sa jeunesse à polissonner parmi les gamins du village de Chambon; plus tard, avec la jeunesse tapageuse de Blois, à dénicher des merles, à décrocher des enseignes, à couper des cordons de sonnette, à vagabonder de bureau en bureau comme aspirant surnuméraire, « toujours amoureux, dépensier, joueur, gouailleur, mauvaise tête,... le verbe prompt, la tête chaude et la main leste ». Vous voyez le type d'ici ; le voilà dessiné complètement en trois lignes. Les querelles ne lui manquèrent pas. Sa première affaire fut avec un sous-lieutenant, nommé Uhrich, qui devait faire son chemin depuis et même monter un moment, lors du siège de Strasbourg par les Prussiens, au rang de héros.

De Blois, il alla passer trois ans à Nantes comme employé d'une compagnie d'assurances. Ce fut là que, par suite d'une folle gageure, il parut un soir sur le théâtre, dans le rôle d'Anténor d'*Une passion*, vaudeville de Varin, avec un succès tel qu'il se vante d'avoir reçu des propositions d'engagement. Puis il vint à Paris, où il exerça d'abord la profession de placier en rubans. Le hasard d'une liaison avec le *cuisinier* du *Siècle*, c'est-à-dire avec le rédacteur préposé à la mise en pages, à la distribution des matières, etc., décida de sa vocation très imprévue pour le journalisme. Mais il entra encore dans cette nouvelle carrière par la porte du commerce.

Son premier né fut *la Sylphide*, journal de modes, fondé en 1840. Il a agréablement raconté comme il s'y prit pour racoler des abonnés et des annonces, avec quel art ingénieux il savait déguiser la réclame et comment son génie inventif, dont il donna par la suite tant de preuves plus éclatantes, avait imaginé de parfumer le journal pour le faire bien accueillir des femmes du monde. Le succès le mit tellement en goût qu'il alla trouver Émile de Girardin et lui afferma, au prix de cent francs, un feuilleton de *la Presse* par semaine, qu'il revendait en détail vingt ou trente fois davantage aux industriels affamés de gloire. « Je n'étais pas capable, dit-il d'accoucher de trente lignes de rédaction, mais je m'étais vite aguerri aux trucs et aux *ficelles* du métier, et personne ne s'entendait mieux que moi à mettre le doigt sur la fibre sensible du commerçant. »

Il me semble que cette entrevue entre M. de Villemessant et M. de Girardin est une date mémorable dans l'histoire du siècle, ou tout au moins dans celle de la presse, et qu'elle devrait être notée comme celle de Napoléon et d'Alexandre. C'étaient les deux esprits les plus avisés et les plus industrieux du journalisme, chacun en son genre, qui se rencontraient ce jour-là; deux inventeurs, deux types. Ce que l'un a été dans la grande presse, l'autre le fut dans la petite. Comme M. de Girardin, M. de Villemessant aurait pu se vanter d'avoir une idée par jour. Qui des deux a vu le plus d'hommes et de choses? Qui s'est le plus bronzé au feu de la polémique? Quel a été le plus alerte et le plus adroit à profiter des circonstances, à flairer le succès, à servir le public selon son goût? Quel était le moins naïf des deux, celui qui avait le plus d'aplomb, à qui l'on en faisait le moins accroire, le plus consommé dans toutes les finesses du métier, le plus prompt à aller de l'avant, le plus habile à forcer l'attention? Natures très différentes d'ailleurs, celle-là plus sèche plus dure, plus mathématique, plus abstraite, d'une plus haute valeur intellectuelle ; celle-ci plus ronde, plus gaie, plus capable d'un mouvement généreux et d'un accès de sensibilité, d'un entraînement de cœur, d'une attitude chevaleresque, — mais se rapprochant du moins toutes deux par ce point de contact.

Si je me suis longuement étendu sur la jeunesse de M. de Villemessant, c'est que tout l'homme est là et que l'on connaît maintenant le fondateur du *Figaro*. Il devait créer bien d'autres journaux encore. Il en a fondé en tout dix-neuf, qui ont disparu ou qu'il a passés à d'autres, après y avoir déversé quelque temps le superflu de son activité inquiète et le trop-plein de son cerveau bouillonnant. *Le Figaro* est le seul qui ait subsisté, son œuvre favorite et définitive. D'abord bi-hebdomadaire, il ne devint quotidien qu'en 1867. Il a réalisé le problème d'un journal essentiellement parisien, qui semble fait pour n'être compris et goûté que dans le petit monde borné à l'est par Brébant et à l'ouest par le bois de Boulogne, et qui pourtant est lu partout. Mais Paris n'est-il pas partout aujourd'hui ? Nous connaissons tous des gens qui se passeraient de leur déjeûner plutôt que de leur *Figaro*. Ce serait sans doute le plus grand succès du siècle dans la presse quotidienne, s'il n'y avait *le Petit Journal;* voilà un partage assez bien fait pour rabattre un peu l'orgueil qu'il eût pu concevoir.

Le triomphe foudroyant du *Petit Journal* avait inspiré d'abord à Villemessant l'idée du *Grand-Journal* comme antithèse. Cette feuille hedbomadaire était une immense nappe de papier qu'on eût pu étendre sur une table de quinze couverts. Émile de Girardin et Alexandre Dumas lui ayant certifié qu'il avait eu là une idée de génie, M. de Villemessant, qui n'avait pourtant pas le défaut d'être naïf, enregistra leurs attestations comme un certificat de vie qui engageait le public. Il rêvait de faire imprimer *le Grand-Journal* sur une douzaine de serviettes, en caractères qui s'effaceraient à la première lessive, une fois qu'on l'aurait lu. Peut-être cette autre idée de génie eût-elle assuré le succès de sa feuille monstre ; mais, n'ayant pu la réaliser, et voyant chaque jour dépérir son couvre-pieds, il fonda *l'Événement*, journal quotidien et non politique, à dix centimes, pour compléter son *Figaro* bi-hebdomadaire.

Ce à quoi M. Millaud, qu'on ne prenait jamais sans vert, riposta aussitôt par la création du *Soleil*.

Oh ! les luttes épiques du *Soleil* et de *l'Événement*, les chroniqueurs enlevés à prix d'or à la feuille rivale, les grands combats des prospectus et des affiches, les luttes acharnées des romans-feuilletons et les duels gigantesques des primes !... Heureux temps pour les abonnés ! Ils se laissaient faire doucement, attendant le jour où M. Millaud leur offrirait un piano d'Érard pour un abonnement de six mois, et où M de Villemessant répliquerait par une maison de campagne pour un abonnement d'une année.

Je me rappelle surtout une prime merveilleuse, — à faire pâlir de jalousie l'ombre de Mercadet : les *mandarines*, les fameuses mandarines ! M. de Villemessant s'était mis en tête d'envoyer à chacun de ses abonnés une jolie boîte en carton, renfermant douze mandarines. Pendant un mois, il ne fut question d'autre chose dans les colonnes du journal. M. Adrien Marx et les divers chroniqueurs furent chargés de préparer la surprise par des allusions fines et les mots à double entente. Puis, la curiosité une fois mise en éveil, vint l'annonce pompeuse de la chose; puis, la monographie des oranges en général et des mandarines en particulier, écrite de la propre main du rédacteur en chef. Et les avis aux abonnés pour expliquer les retards provenant de l'encombrement des demandes, pour modérer leur impatience et charmer les ennuis de l'attente ! etc., etc. C'était un cadeau de quinze sous, mais il aurait valu quinze mille francs qu'on n'eût pu lui faire plus grandement les honneurs.

C'est là que M. de Villemessant *lançait* si bien

lui-même les œuvres qu'il publiait en romans-feuilletons. « Ah ! mes enfants, disait-il à ses abonnés, en son style aimable et familier, quel chef-d'œuvre ! j'ai été empoigné, moi qui vous parle, et j'y suis allé de ma larme, je ne vous dis que ça ! » Quelques jours avant de publier le *Mari embaumé*, de Paul Féval, il adressa dans le journal une longue lettre à l'auteur pour lui dire à quel point il s'était senti transporté d'enthousiasme en lisant son manuscrit. A quoi Paul Féval répondit, avec un superbe nonchaloir, toujours par la même voie :

« Savez-vous, mon cher rédacteur en chef, que vous ressemblez à La Fontaine quand il venait de lire Baruch ? Mais, pour être aussi charmé et aussi surpris, il faut donc que vous n'eussiez jamais rien lu de moi ! »

L'Événement fut remplacé, en 1867, par *le Figaro* devenu quotidien. Mais nous n'avons garde d'aborder l'histoire du *Figaro*. Il faudrait tout un volume, et un gros, pour écrire le chronique de ses transformations, de ses procès, de ses duels, de ses primes, de ses campagnes retentissantes, pour en dire tout le bien et tout le mal qu'il mérite, pour passer en revue la grande armée de ses principaux rédacteurs, anciens ou modernes, depuis Colombine jusqu'à Ignotus, depuis Jules Vallès et Rochefort jusqu'à Saint-Genest ; pour faire comprendre qu'elle activité, quelle vigilance, quel esprit d'entreprise, quel flair, quelle sagacité, quelle imaginative lui ont été nécessaires afin de maintenir toujours la curiosité du lecteur en haleine, de la renouveler quand elle s'épuisait, de réveiller les lassitudes, de forcer l'attention, d'alimenter de primeurs toujours nouvelles la table de son public, d'épurer son personnel en congédiant sans pitié les collaborateurs faibles ou usés et en appelant sans cesse des recrues fraîches.

Certes, *le Figaro* a plus d'un péché sur la conscience, et les moralistes sévères ne prononcent son nom qu'en fronçant le sourcil. Mais cet enfant terrible a mérité l'honneur d'être particulièrement haï des radicaux, et il semble avoir pris pour devise le refrain de Béranger : « Sauvons-nous par la charité. » Il a des qualités bien françaises, et nul n'a su imprimer un plus admirable élan à la générosité nationale, chaque fois qu'il s'est agi de réparer un désastre, de secourir une infortune, de sauver de la ruine une œuvre de philanthropie chrétienne. Dans ce journal spirituel, bavard, indiscret, toujours à l'affût de l'actualité, mettant son point d'honneur à savoir les choses la veille du jour où elles arrivent, qui a perfectionné la nouvelle à la main, renouvelé la chronique, raffiné l'*écho* et élevé le *reportage* à la hauteur d'une institution, mais qui a su aussi entreprendre et soutenir, sur le terrain conservateur, de vaillantes et retentissantes campagnes, je vois la véritable image de cette personnalité blasée, rouée, ayant rôti le balai par tous les bouts, retranchée sous une triple enveloppe de *blague*, serviable pourtant, ouverte et généreuse, et qui eût mérité, elle aussi, d'être peinte de pied en cap par Beaumarchais, comme son patron Figaro.

HENRI MARTIN

15 juin 1878.

M. Henri Martin, qui vient de s'asseoir dans le fauteuil de M. Thiers, est l'auteur de cette volumineuse *Histoire de France*, œuvre assurément fort estimable et qui témoigne d'un laborieux et persévérant effort, car il n'a cessé de la refondre, de l'agrandir, de la remanier, de la corriger, de la découper en morceaux. Tout M. Henri Martin est là. Le public ignore généralement les autres côtés d'une carrière déjà longue et très active. Qui se doute que M. Henri Martin a été mêlé au mouvement romantique? Il faudrait exécuter des fouilles prolongées dans les profondeurs les plus poudreuses des plus antiques cabinets de lecture pour y découvrir ses romans. Saviez-vous que M. Henri Martin a professé à la Sorbonne en 1848? Avez-vous jamais lu ses articles du *Siècle,* du *National,* de *la Revue indépendante,* de *la Liberté de penser?* Connaissez-vous le drame héroïque de *Vercingétorix?* Et le livre sur *La France, son génie et ses destinées?* Il paraît aussi que M. Henri Martin a représenté le département de l'Aisne dans la dernière assemblée, et qu'il fait actuellement partie du Sénat. En politique, il est de l'école du *Siècle;* en histoire, c'est un Celte, qui combat sous les drapeaux de Camulogène; en religion un druide, comme son ami Jean Reynaud. On le croirait sorti en droite ligne du sanctuaire de l'île de Sayne. Il serait homme à épouser Velléda si elle n'était morte, et j'aime à croire qu'il a fait, après sa nomination, sacrifier deux taureaux blancs à Teutatès par des eubages.

M. Henri Martin a son article dans tous les dictionnaires, dans Didot, dans Vapereau, dans Larousse, mais il n'a jamais été visé par les entrepreneurs de biographies; les *reporters* n'ont jamais éprouvé le besoin d'escalader le mur de sa vie privée, ni les photographes d'afficher son portrait entre ceux de Capoul et de M. Gambetta. Grâce à son *Histoire de France,* la notoriété de M. Henri Martin est pourtant très grande, mais elle n'est pas de celles qui excitent la passion ou même la curiosité. Quoiqu'il ait été souvent mêlé à la politique, son nom nous laisse calmes, et sa vie bourgeoise, unie, n'offre aucun de ces incidents qui font la joie des chroniqueurs.

Henri Martin sera bientôt septuagénaire. Il est né le 20 février 1810 à Saint-Quentin, où il fit ses études. Son père, juge au tribunal civil, le destinait au notariat. Le notariat était une tradition de famille à laquelle, malgré les apparences, M. H. Martin n'a pas entièrement manqué. A dix-huit ans, il fut expédié à Paris comme petit clerc d'un honnête notaire dont l'étude s'ouvrait rue de la Harpe. Mais à Paris il retrouva son compatriote et ami Félix Davin, employé de commerce et mordu comme lui de la tarentule littéraire. Davin avait trois ans de plus, et il ne pouvait que pervertir davantage encore l'imagination du jeune candidat notaire. Ils s'associèrent pour créer un chef-d'œuvre et de leur collaboration naquit, dans les premiers mois de 1830, un roman étrange : *Wolfthurm ou la Tour du loup*.

Le jeune clerc avait signé Irner, car il faut avouer que son nom de Martin n'avait rien de romantique et qu'il était peu fait pour se graver dans la mémoire des masses. Il y a vingt Martin dans Vapereau ; il y en a quarante-cinq dans la Biographie Didot ; il y en a six cents dans l'*Annuaire du commerce*, pour Paris seulement : les bottiers, les charcutiers et les épiciers dominent dans cette immense nomenclature, et beaucoup se prénomment Henri.

Néanmoins, à partir de son deuxième ouvrage, le petit clerc reprit le nom de sa famille et il eut raison : toute la concession qu'il fit au romantisme fut d'écrire son prénom avec un *y*, auquel il a fini par renoncer, à l'âge où l'on revient de toutes les vanités de ce monde.

Avons-nous besoin de dire que le jeune Henri Martin était un libéral, qui avait voué un culte aux sergents de la Rochelle et haïssait Polignac de tout son cœur ? « Je me souviendrai toujours, me racontait un écrivain célèbre, de l'avoir vu arriver chez moi le troisième jour de la révolution de Juillet, tête nue, portant en guise de ceinturon un foulard rouge dans lequel était passée une épée sans fourreau, et criant avec exaltation : « La liberté l'em-
» porte ! » Il voulait m'entraîner ; moi, je voulus le faire asseoir. Mais il repartit, toujours tête nue, et avec sa terrible épée dans son mouchoir. » Martin, fils des preux, — c'est-à-dire des héros de la Bastille ! — Cela mériterait un couplet dans la *Parisienne*.

Après *Wolfthurm*, Davin le présenta à M. Paul Lacroix, qui l'accueillit à bras ouverts. Il brûlait de se signaler, et surtout de gagner suffisamment avec sa plume pour obtenir de l'autorité paternelle la permission de quitter le notariat. L'étonnant bibliophile, l'un des esprits les plus prodigieusement actifs qu'on ait jamais vus, dirigeait alors trois ou quatre journaux : il fit écrire Martin dans *le Mercure*, dans *le Gastronome*, dans *le Garde national*, que M. de Girardin avait créé en 1830, et dont il avait offert la direction à M. Paul Lacroix, mais qui dura trois mois à peine.

M. Henri Martin, rédacteur du *Gastronome*, c'est assez imprévu, n'est-ce pas? Et de *la Mode*, donc! Et du *Journal des demoiselles!* Et du *Livre de beauté!* Et des *Sensitives, album des Salons!* Où n'a-t-il pas écrit alors? De 1830 à 1835, vous auriez peine à trouver une revue littéraire, un magazine, un recueil quelconque où il n'ait porté sa prose, et quelquefois ses vers. Chose bizarre! Henri Martin se croyait surtout poète; il avait une passion pour les légendes, et il allait en chercher partout, jusqu'en Orient, car il étudiait sérieusement les langues orientales, qu'il a abandonnées depuis. Il s'était marié à vingt et un ans, avec la fille d'un commerçant de Saint-Quentin, et le jeune ménage n'était pas riche. Jusqu'à l'époque de sa grande *Histoire de France*, il mena courageusement une vie laborieuse et difficile.

Ouvrez le livre des *Cent et Un* (1832), vous y trouverez un article d'Henri ou plutôt d'Henry Martin : *une Visite à Saint-Germain-en-Laye*, écrit en style de notaire solennel. J'y rencontre une certaine période de trente-deux lignes, où l'on perd pied trois ou quatre fois de suite : « Vous donc qui aimez ces sites historiques que l'homme et la nature ont parés à l'envi, si, par impossible, Saint-Germain n'a point reçu le tribut de vos admirations, attendez que cet hiver soit descendu à son tour dans l'*abîme du passé*, et quand une brise d'est, etc., quand le soleil d'avril, etc., un beau matin, un dimanche soit, traversez la rue Saint-Honoré à l'heure où, etc., marchez droit à ce recoin vers lequel vous guide une rumeur confuse, un tumulte incessant d'hommes, de roues et de chevaux ; là, à l'angle nord-est du Carrousel, près de la place où tomba Georges Farcy, heureux d'être mort pour, pendant et non après une révolution, — heureux si toutefois son âme ignore, au sein d'un autre monde, ce qui se passe en celui-ci ; là, pour la modique somme de deux francs, voire un franc cinquante centimes, se ruent sur vous en masse des phaétons de toutes figures et de toutes espèces », etc., etc.

Ouf ! La fameuse phrase du chapeau, de M. Patin, est un modèle de concision rapide et nette à côté de celle-là. Restons-en sur cette métaphore effrayante des phaétons de toutes figures *se ruant* sur nous, — pour la modique somme de deux francs ! C'est pis encore que les chevaux de Diomède.

A cette même date, l'inépuisable adolescent écrivait *Gad le forgeron* pour les *Cent et une nouvelles*; il entreprenait une satire hebdomadaire : *le XIX° Siècle*, dont deux ou trois numéros seulement ont paru; il publiait *Minuit et Midi*, bientôt suivi du *Libelliste*, romans historiques ; *la Vieille Fronde*, scènes à la façon de Vitet. Enfin, toujours en 1832, il donnait à la Gaîté, avec Pixérécourt, un drame en trois actes et six tableaux : *l'Abbaye-aux-Bois, ou la Femme de chambre*, que M. Marmier a complètement et sans doute volontairement oublié dans sa réponse, mais qui mérite d'arrêter le chroniqueur.

Au lever du rideau, Adèle est assise devant un métier à broder, près du berceau de son fils :

« Cher enfant ! son sommeil est agité. A son âge, pourtant, on ignore les chagrins qui, plus tard, nous poursuivent jusque dans nos songes. Comme il sera beau, mon Charles ! Cher Émile, hâte-toi donc, viens revoir ton fils... »

(Elle soupire et se remet à l'ouvrage.)

Julie annonce la visite de M. Armand. Adèle refuse d'abord de le recevoir; elle y consent enfin, en apprenant qu'il est bien changé et qu'il vient faire ses adieux :

« Il part ! tant mieux ! En me ramenant de l'Opéra, il y a trois jours, il m'a tenu des discours étranges ; il avait l'air égaré. En me quittant, il m'a serré la main avec une force ! »

Cela se corse, comme on voit.

Entre Armand. La conversation s'engage :

ADÈLE. — Vous nous quittez donc pour longtemps?

ARMAND. — Pour toujours, madame! Le motif qui m'arrache à toutes mes affections ne cessera qu'avec ma vie, comme la douleur éternelle qui me suivra sur la rive étrangère.

ADÈLE. — Monsieur Armand, nulle douleur n'est éternelle en ce monde... La main du temps cicatrise les plus profondes blessures.

ARMAND, *avec un sourire amer*. — Le temps, madame! il ne peut rien contre le mal qui me dévore.

ADÈLE. — Il n'est qu'un mal sans remède : la perte de l'honneur.

ARMAND. — J'ignore celui-là. Je puis encore parler de mon honneur; il me coûte assez cher. Patrie, famille, fortune, espérances, voilà le prix dont il me fait payer le droit d'aller mourir loin de tout ce que j'adore.

ADÈLE. — Mourir! à votre âge! plein de jeunesse, d'avenir!

ARMAND, *avec chaleur*. — D'avenir! C'est vous qui me parlez d'avenir! Comme s'il m'en restait encore loin de vous!

ADÈLE, *avec dignité*. — Monsieur Armand!

ARMAND. — Oui, le voilà le secret qui devait descendre avec moi dans la tombe! Insensé, je croyais la revoir, sans qu'il brisât mon sein pour s'élancer jusqu'à vous.

Je ne sais si je me trompe, mais il me semble que cela est beau comme l'antique.

Émile et Armand viennent pour se battre dans le jardin de l'Abbaye-aux-Bois, où l'on aperçoit des tombes et des croix funéraires.

Émile. — On nous suit. Ah! cette porte! Un jardin isolé. Entrons!

Armand. — Quoi, tu veux?...

Émile. — Sur-le-champ.

Armand. — Sans témoins?

Émile. — Dieu nous en servira.

Armand. — Où sommes-nous?... Des tombes!...

Émile. — L'un de nous y trouvera la sienne.

Corneille n'a pas fait mieux. Émile et Armand sont deux amis, brouillés par les machinations infernales de la femme de chambre Julie, amoureuse d'Émile, et qui a trouvé avantageux de lui faire croire qu'il a été blessé dans son honneur conjugal par son ami Armand. Mais, au moment où Émile, exaspéré, tire sur celui-ci, l'odieuse Julie, sœur tourière au couvent depuis le matin même, sort à point pour recevoir toute la charge, conformément à cette morale admirable des mélodrames qui, pour punir le vice et récompenser la vertu, range au dénouement tous les bons d'un côté et tous les méchants de l'autre, et extermine ceux-ci au moyen d'un rocher ou d'une muraille qui s'écroule justement de leur côté.

« Dieu est juste, dit Julie ; il m'a punie par cette main qui ne pouvait être à moi. *(Elle saisit avec force la main d'Émile).* Heureuse encore de mourir par elle !.. Pardonnez-moi, vous à qui j'ai causé tant de maux... Les mauvais conseils m'ont perdue. Pardonnez-moi, car j'ai bien aimé et bien souffert.

Émile. — Oh ! ma mère, est-ce ainsi que j'ai accompli tes derniers vœux ?

Julie, *d'une voix faible.* — Émile ! *(Elle place la main d'Émile sur son cœur.)* Oui, là !... »

Elle meurt. Consternation générale.
Le rideau tombe.

On lit dans la pièce des indications de jeux de scène comme celles-ci :

— Émile froisse violemment la lettre ; il *bondit* de rage et de désespoir.

— Il remonte chez lui dans un état d'exaspération *difficile à décrire.*

— Il la repousse et l'*atterre* du regard.

— Elle se relève comme inspirée... elle semble fortifiée par la grâce d'en haut.

Dire que M. Henri Martin écrivait ces choses

l'année même où paraissait *la Vieille Fronde*, qui est une œuvre fort remarquable, et une année avant son *Histoire des Gaulois*, point de départ de cette fameuse *Histoire de France*, qui, à partir d'un certain moment, a si bien rempli sa vie, et dépasse tellement ses autres ouvrages en longueur, en largeur et en profondeur, qu'elle a caché et pour ainsi dire anéanti tout le reste.

Ce n'est que sur les sollicitations de M. Paul Lacroix, et après des hésitations réitérées, qu'il se décida à entreprendre le livre qui devait fonder sa réputation et sa fortune, et où il a fait si bien le mélange du poète et du notaire qui étaient en lui.

« En 1832, m'a raconté le bibliophile, M. Mame s'adressa à moi pour avoir une *Histoire de France* d'une certaine importance comme étendue, et qui pût devenir un livre de fonds, une source de revenus annuels pour la maison. Je conçus l'idée de composer le livre avec les extraits des principaux historiens de chaque époque, reliés entre eux par des transitions et des compléments, — quelque chose comme ce qu'avait fait Barante pour les ducs de Bourgogne. Ce plan fut accueilli, et j'appelai aussitôt le jeune Martin, que je *pilotais* depuis quelque temps, qui écrivait dans mes journaux et dont la vie laborieuse m'intéressait beaucoup. Je lui annonçai que je le prenais pour collaborateur. Il hésita longtemps ; enfin, pressé par mes sollicitations, il se décida : « Eh bien, me répondit-il, je vais vous faire une *Histoire des Gaulois*, que j'ai particulièrement étudiés ». Cette *Histoire des Gaulois* parut en 1833 ; elle forme un petit volume in-32 : c'est le format qu'on avait adopté. Elle obtint un certain succès, à la suite duquel on résolut de changer le format primitif pour ne pas allonger trop considérablement le nombre des volumes. Nous prîmes l'in-octavo ; l'*Histoire des Gaulois* fut réimprimée pour ouvrir l'édition nouvelle, et j'insistai plus que jamais auprès d'Henri Martin pour qu'il se consacrât à cette tâche. Après des hésitations et des tergiversations nouvelles, il se mit à l'œuvre. Mon nom est à cet ouvrage et le sien n'y était pas d'abord ; cependant c'est lui qui en est le véritable et à peu près le seul auteur. J'avais fourni l'idée et le plan général, je surveillais l'exécution, je prêtais les volumes de ma bibliothèque, qui était déjà très considérable, pour faire les extraits. Je revoyais le style, car Henri Martin n'écrivait pas bien alors (j'en sais même qui trouvent qu'il n'a pas beaucoup appris depuis), et c'était tout. Son nom n'a commencé à paraître qu'au treizième volume, et le libraire n'y consentit qu'à contre-cœur. L'ouvrage réussissait. Lorsqu'il approcha de sa fin et qu'il fut question de prendre des arrangements pour les éditions subséquentes, je dis au libraire : « Ce n'est plus avec moi qu'il faut traiter; c'est avec M. Henri Martin, le véritable, le seul auteur. » Je les abouchai ensemble. Il fut convenu qu'on donnerait d'abord une nouvelle édition telle quelle de l'*Histoire de France par les principaux historiens*, enrichie d'images, pendant que M. Henri Martin préparerait l'édition suivante refondue. Il en fit une œuvre tout à fait nouvelle, où il ne restait pour ainsi dire pas une ligne de la première, et qu'il n'a cessé, depuis lors, de transformer et de remanier. »

Quoi qu'on puisse penser de son talent et de ses opinions, M. Henri Martin est un brave homme, — il n'y a qu'une voix là-dessus parmi tous ceux qui le connaissent, — obligeant, désintéressé, profondément honnête. C'est un naïf qui croit aux rêveries druidiques, aux vertus et à l'infaillibilité du peuple, à l'avènement de l'âge d'or par la République. Au physique, M. Henri Martin est grand, maigre, l'air gauche, le teint haut en couleur, les cheveux, les moustaches et le collier de barbe tout blancs, vigoureux encore, marcheur intrépide. Un de ses vieux amis m'assure qu'il était très beau en 1832, — qu'il avait l'air d'un héros de roman du xviie siècle. Il a changé. Il demeure à Passy, non loin du seul fils qui lui reste, — le docteur Martin, habile accoucheur et entomologiste distingué. Il avait un autre fils, un peintre, mort jeune et fou.

M. Henri Martin a mis une rare persévérance à poursuivre son fauteuil. Pendant tout près d'un quart de siècle, il s'est tenu à l'affût, guettant toujours, se présentant de temps à autre, et lorsqu'il ne retirait pas sa candidature au dernier moment, recueillant la voix de son ami M. Legouvé, renforcée quelquefois d'une ou deux autres. Aujourd'hui, le voici au terme de ses vœux : tout vient à point à qui sait attendre.

LE DUC D'AUDIFFRET-PASQUIER

20 février 1880.

M. le duc d'Audiffret-Pasquier est, dans l'acception la plus littérale du mot, une figure du jour, puisque les portes de l'Académie française viennent de s'ouvrir pour sa réception. Mais c'est aussi une figure d'hier et une figure de demain. Surtout, au physique et au moral, c'est une figure !

Qui ne connaît cette physionomie énergique et fine, qu'on pourrait prendre, sans les favoris, pour une tête de moine ombrien? Dès qu'on l'a rencontré une fois, on ne l'oublie plus. Chaplin en a fait un excellent portrait à l'exposition de 1877, et, au salon précédent, M. Aclocque, député et peintre, nous l'avait montré, entouré de collègues non moins notoires, dans la salle des conférences de l'Assemblée nationale. Il a figuré souvent aux vitrines des photographes et dans la galerie des journaux illustrés. L'œil est vif, l'orbite profondément marquée, la taille petite, le geste expressif et net, la main de race. Sans l'avoir jamais vu, vous le reconnaîtrez du premier coup.

Au moral, le portrait serait plus long, si nous voulions le peindre tout d'abord de pied en cap. Mais nous le compléterons peu à peu. Qu'il nous suffise d'en esquisser maintenant les traits essentiels et caractéristiques. Nature franche, cordiale, un peu brusque, M. le duc d'Audiffret-Pasquier a, comme on dit vulgairement, le cœur sur la main, et la main largement ouverte. Quand il le veut, c'est un charmeur. Il est vrai que ses coups de boutoir sont rudes, mais ils ne durent pas. Il a des colères plutôt que des haines. Il n'est point de ceux qui couvent et mâchent longuement leur rancune ; lui, il faut qu'il décharge la sienne.

Grand liseur, marcheur infatigable, très laborieux, très actif de corps et d'esprit, le duc n'est pas un homme d'un autre âge égaré dans notre siècle. Ne croyez pas qu'il émigre jamais, même à l'intérieur. Il n'a point le patriotisme platonique et contemplatif de quelques grands seigneurs, et n'est pas homme à lever les bras au ciel pendant la bataille, comme Moïse sur la montagne. Il croit aux classes dirigeantes, étant à la fois très aristocrate et très libéral, parlementaire jusqu'à la moelle des os, comme un

Anglais, bien que personne ne soit moins Anglais que lui par l'allure et le tempérament.

Le supplément de Vapereau fait naître M. d'Audiffet-Pasquier *vers* 1815; le supplément de Larousse, en 1811, ce qui lui donnerait aujourd'hui soixante-neuf ans; mais il ne les prend pas. Il est né en 1823 : la différence est assez notable, comme vous le voyez. Son père était le comte d'Audiffret, receveur général; sa mère, femme de la plus haute distinction, qui vit encore, était fille de M. Auguste Pasquier, directeur général de l'administration des tabacs, et nièce du chancelier. C'est madame d'Audiffret qui faisait les honneurs des soirées du Luxembourg, pendant la vieillesse impotente de madame Pasquier, qui mourut en 1844, à l'âge de quatre-vingts ans.

Quelques mois après, le chancelier adoptait son petit neveu, qui avait pour ainsi dire grandi à côté de lui et qu'il avait depuis longtemps appris à connaître. Cette adoption coïncida avec le mariage du jeune homme qui, à peine âgé de vingt et un ans, épousa mademoiselle Fontenillat, belle-sœur de M. Casimir Perier. Vous pouvez lire les circonstances de cette adoption et de ce mariage dans le livre de M. Louis Favre sur Étienne-Denis Pasquier, chancelier de France.

Les premières années du jeune ménage furent attristées par de cruels deuils de famille. M. d'Audiffret-Pasquier perdit successivement quatre enfants. Il lui en reste trois: un fils, attaché d'ambassade, actuellement au Maroc; deux filles, dont l'une a épousé M. d'Imécourt, et l'autre, M. de Néverlée.

Pour l'occuper, le chancelier l'avait fait entrer au conseil d'État. Il donna sa démission après la révolution de février. Sous l'empire, il imita Bernis, à qui le cardinal Fleury déclarait qu'il n'avait rien à espérer de son vivant, et qui répondit : « J'attendrai. » Il attendit, mais en faisant de son mieux pour remplir et occuper ces longues années d'expectative. Son domaine de Sassy lui donnait une position considérable dans le département de l'Orne. En 1853, les électeurs l'envoyèrent siéger au conseil général, qu'il ne quitta plus et où il fit l'apprentissage de la vie politique et de la parole publique, de même qu'il se dressait à la connaissance et à la langue des affaires dans les conseils d'administration des grandes compagnies industrielles. Sur ce petit théâtre, il se préparait avec ardeur au rôle qu'il devait jouer un jour et rendait la vie très dure à M. le préfet. Il était l'âme et la voix de l'opposition ; elle se composait d'abord de trois membres, mais les trois étaient devenus trente à la fin de l'empire, comme les cinq du Corps législatif étaient devenus les cent vingt. Et dans les élections générales, il commençait à serrer de très près le candidat officiel, quand l'empire disparut dans l'effondrement de la France.

Le 8 février 1871, M. le duc d'Audiffret-Pasquier fut nommé représentant de l'Orne par plus de 60,000 voix, en tête de la liste. Le voilà maintenant en pleine lumière, et aussitôt il s'y dessine au premier plan. Qui ne se rappelle son discours du 22 mai 1872, en réponse à M. Rouher ? Ce fut un coup d'éclat, quelque chose comme le *Cid* de la tribune républicaine. La veille, M. le duc d'Audiffret-Pasquier était encore inconnu du public ; le lendemain, lorsque les journaux eurent porté à tous les coins de la France cette foudroyante harangue, il se réveilla célèbre. Avec la vaillance de son tempérament oratoire, il avait pris la renommée d'assaut, et il était monté à la tribune comme Mac-Mahon à la tour Malakoff.

Nous avons encore dans l'oreille les frémissements et les vibrations de cette voix indignée, et il nous semble entendre retentir en ce moment les grands coups sous lesquels il écrasa l'avocat imprudent de l'empire. Tout ce que le citoyen condamné pendant vingt ans à l'inaction et au silence, tout ce que le patriote ulcéré par un legs d'effroyables désastres, avait amassé de haines ardentes et de généreuses colères, fit explosion dans cette magnifique et véhémente invective, où il prêta sa voix à l'âme du pays. Je l'entends encore, parlant de la retraite du brave général Vinoy : « Toute sa préoccupation, il vous l'a dit, messieurs, était de ne pas rencontrer l'ennemi. Entendez-vous? un général français qui brûle de ne pas rencontrer l'ennemi ! C'est qu'il n'avait pas de cartouches ! » Je le vois toujours, secouant l'Assemblée comme sous une décharge électrique en jetant le cri d'Auguste à l'Augustule de Sedan : *Vare, legiones redde.*

Deux mois après, le gouvernement de la Défense nationale eut son tour. L'orateur fit à chacun sa juste part dans la responsabilité de nos désastres. Et ce fut alors aux dictateurs du 4 septembre à bondir sous le fouet de ses rudes apostrophes. En délivrant son âme, comme s'exprime l'Apôtre, il avait soulagé la conscience de la France. Après sept ans passés, on peut dire que c'est ce coup double qui l'a porté à l'Académie.

Nous n'avons pas à suivre le reste de sa carrière. On la connaît. Après avoir été président de la Chambre et président du Sénat, M. d'Audiffret-Pasquier n'est plus aujourd'hui qu'un simple sénateur inamovible. Il a passé en tête de la liste, comme dans son élection législative; c'est le premier sénateur de France, de même que La Tour d'Auvergne en était le premier grenadier.

Fils et petit-fils, neveu et petit-neveu de financiers, élevé dans les grandes affaires, M. d'Audiffret-

Pasquier a toujours montré, comme orateur, à la tribune ou dans les commissions, l'alliance d'une précision rigoureuse à une fougue irrésistible. Un de ses oncles, receveur général et homme d'affaires de premier ordre, était renommé pour sa vivacité pétulante et irascible. C'est justement dans des questions techniques, en parlant au nom de la commission des marchés, qu'il s'est montré le plus éloquent. Il sait marier le chiffre à la flamme. Doué d'une grande faculté d'assimilation, il s'appropria rapidement les notions les plus techniques. Elles s'animent en passant par sa bouche; il les revêt d'une forme nerveuse et leur souffle sa passion. Il a donné, dans l'éloquence de la tribune, une note bien personnelle, qui n'est qu'à lui, et qui ne permettrait pas de l'oublier, malgré le silence qu'il garde depuis trop longtemps, dans un nouveau *Livre des orateurs.*

Le fils adoptif du chancelier Pasquier est un homme de mœurs simples, haïssant l'apparat, n'ayant aucun goût pour le faste et la représentation, n'aimant que la vie intime et la vie de famille. Il traite en grand seigneur, mais personnellement il se contenterait du dîner le plus bourgeois. Il a beaucoup aimé la chasse, qu'il pratique encore un peu, mais uniquement pour l'exercice qu'elle procure et non pour le plaisir de déployer ses meutes et ses équipages. Ce n'est point un sportsman,

A-t-il une écurie et des voitures ? En tout cas, son plaisir est de s'en passer. Chaque jour, son parapluie sous le bras, il part pour le Luxembourg en prenant le plus long, comme La Fontaine lorsqu'il allait à l'Académie. Vous avez dû le rencontrer bien souvent bouquinant le long des quais. Tous les étalagistes le connaissent. Il lui est arrivé plus d'une fois d'oublier l'heure de la séance et de ne s'arrêter qu'après le pont Saint-Michel.

Causeur brillant et plein de traits, il porte dans la conversation le geste et l'accent de la tribune. Combien n'a-t-il pas improvisé, dans un salon, à table, au coin du feu, sous le choc d'une discussion ou dans l'entraînement d'une causerie familière, de ces monologues éclatants qu'on voudrait recueillir par la sténographie ! Il est de ceux dont on dit : « Ce n'est pas eux qui prennent la parole, c'est la parole qui les prend. » Jamais, toutefois, aucune emphase, ni aucun apprêt. Sa conversation est mêlée d'images vives et pittoresques, et une pointe de gauloiserie s'y glisse aisément. Au temps des voyages à Versailles, on le recherchait dans les wagons d'humeur gaie, et l'une de ses parties fines est d'aller se dérider aux bouffonneries de Labiche dans une baignoire du Palais-Royal.

M. le duc d'Audiffret-Pasquier a vendu, il y a quelques années, son grand hôtel des Champs-Élysées à un membre de la gauche, M. Récipon, et il habite aujourd'hui un charmant petit hôtel de l'avenue Marceau, qu'il a acheté à un marchand de musique, M. Grus. Les fenêtres aux vitres étroites imitent celles du temps passé. L'escalier avec sa rampe de bois est d'une physionomie tout à fait originale. En entrant dans le cabinet de travail du duc, on se sent dans la maîtresse pièce de la maison. Le buste du chancelier en grand costume, par Crauck, domine le manteau de la cheminée. Une vaste bibliothèque recouvre tout le mur du fond. Le bureau, flanqué de candélabres, orné d'un encrier monumental, est tout recouvert de livres, de journaux et de brochures.

Ce n'est point un collectionneur, pas même ce qu'on appelle ordinairement un bibliophile, ayant le culte des belles reliures, des grandes marges, des papiers de luxe, des éditions rares. Mais il a au plus haut point l'amour du livre. Il est friand surtout de mémoires et d'ouvrages historiques. D'ailleurs, la plupart des nouveautés lui passent par les mains. Il a réuni dans son château de Sassy une bibliothèque de trente mille volumes.

C'est là qu'il va s'enfouir dès que le sénat lui laisse seulement quarante-huit heures de répit. Sassy est son séjour de prédilection : il y passerait volontiers son existence entière. Le château a grande mine, avec sa masse imposante de pierres et de briques perchée sur trois terrasses. Le duc y mène la vie de *gentleman farmer*, au milieu de ses vacheries, de ses laiteries, de ses porcheries, de ses bergeries, de ses basses-cours, de ses haras. Il y partage ses jours entre de longues promenades, en veston de velours et le bâton à la main, à travers ses forêts, et de longues lectures dans sa bibliothèque.

Nul, sauf dans les rangs de l'épiscopat, ne semblait plus naturellement désigné pour recueillir la succession académique de Mgr Dupanloup : l'esprit est de la même trempe et le talent de la même famille; l'un, comme l'autre, est un homme de combat; tous deux, à travers des différences considérables, se rapprochent par l'élan, la chaleur, la passion. M. le duc d'Audiffret-Pasquier, qui était un ami du P. Gratry, n'a eu aucun effort à faire pour parler de son illustre prédécesseur dans les termes graves et religieux que réclamait cette grande mémoire, et sans sortir du sujet, il a pu compléter son hommage éloquent à Mgr Dupanloup par une protestation, empreinte de son énergie et de sa décision ordinaires, contre les tristes choses que l'évêque d'Orléans a combattues toute sa vie et dont le triomphe arrogant attriste et humilie les âmes vraiment libérales: la science matérialiste, l'instruction sans Dieu, la confiscation de l'enfant, le mépris des droits sacrés du père de famille. Montrant l'étroite association de l'éducation d'État avec le despotisme, il s'est écrié, dans un mouvement qui rappelait ceux de ses grands discours: « Quand un peuple aura été ainsi façonné, quand il aura perdu les sentiments qui font la force et la dignité de notre nature, il sera prêt pour le despotisme. César peut venir : la moisson est mûre », — et la paisible assemblée académique a senti passer sur elle le souffle qui agita l'Assemblée de Versailles dans la séance du 22 mai 1872.

On était curieux de savoir si M. le duc d'Audiffret-Pasquier sait écrire comme il sait parler. La preuve est faite aujourd'hui. Mais pourquoi semble-t-il avoir oublié le chemin de la tribune?

AUGUSTE BARBIER

25 février 1882.

Auguste Barbier s'est survécu à lui-même, mais il n'a pas survécu à sa gloire. Si sa veine avait depuis longtemps tari, si sa personne était complètement oubliée, son nom était toujours bien vivant. Il avait sonné jadis sur son cor une si retentissante fanfare que l'écho, après un demi-siècle, en vibre toujours à nos oreilles. Sa renommée était demeurée intacte, quoiqu'il ne l'eût point renouvelée. Son œuvre principale est encore populaire, et la trente et unième édition en était mise en vente au moment même de sa mort. Mais on connaissait peu sa personne. Quand il fut élu à l'Académie en 1869, on ne lui ménagea pas l'expression d'un étonnement qui ressemblait à une épigramme et qui en était probablement une en effet : « Comment ! l'auteur des *Iambes* est donc toujours de ce monde ! » Et l'épigramme s'est renouvelée sur sa tombe : « M. Auguste Barbier vient de mourir. — Eh ! quoi, encore ! »

Le coup de foudre de 1830 venait de porter le trouble dans le cénacle romantique. Il n'avait pas eu le temps de reprendre ses esprits lorsqu'on entendit s'élever, comme si elle fût montée du milieu des barricades dont les pavés n'étaient pas encore remis en place, une voix rude et rauque, qui semblait vouloir faire suivre la révolution politique d'une révolution littéraire et qui *bousculait* durement les grâces fringantes, les élégances cavalières, tout le précieux et le clinquant du romantisme en sa fleur, comme les mains calleuses des héros de juillet venaient de bousculer le trône. Les beaux fils, ceux qui mettaient du blanc et du carmin dans leurs vers,

> Les marchands de pathos et les faiseurs d'emphase
> Et tous les baladins qui dansent sur la phrase

se turent, déroutés et scandalisés devant cette âpre poésie qui exprimait avec violence, dans le mètre d'Archiloque, la sincère et honnête indignation d'un Juvénal populaire. Tout Barbier était déjà, avec ses qualités et ses défauts, — son énergie, sa véhémence, l'étroite union du génie lyrique au génie satirique, ses images originales, vivantes, expressives, largement déroulées, mais aussi ses crudités, ses brutalités et ses prosaïsmes, — dans cette pièce de *la Curée*, improvisée avec fièvre quelques jours après la bataille et qui marque une date dans notre histoire littéraire. Le lendemain il fut célèbre. On peut dire que la gloire de Barbier se résume en ces quatre-vingts vers. Certes, il ne devait pas en rester là, et dans le recueil de ses *Iambes*, il est telle œuvre postérieure, comme la *Popularité* et surtout *l'Idole*, qui égalent pour le moins la *Curée*. *L'Idole* me semble même son chef-d'œuvre. Le beau mouvement du début : « Allons, chauffeur, allons, du charbon, de la houille ! » l'apostrophe célèbre au Corse à cheveux plats, l'admirable *andante* final du morceau :

> Ainsi passez, passez, monarques débonnaires,
> Doux pasteurs de l'humanité,

offrent une variété de tons, un mélange du grave au doux, assez rares dans l'œuvre de Barbier. Jamais sa forme n'a été plus irréprochable, il a des pages entières où il suffirait çà et là d'un léger coup de crayon pour biffer une expression impropre, une tournure triviale ou une épithète mal choisie. Jamais non plus les images qu'il se complaît à développer longuement n'ont été mieux suivies et mieux soutenues. La comparaison de la France avec la cavale indomptable et rebelle qui, longtemps montée par Napoléon et promenée quinze ans sur tous les champs de bataille, finit par tomber mourante sur un lit de mitraille et par lui casser les reins, est demeurée classique en son genre. Et que de vers superbes, coulés comme d'un jet de lave sans scories:

> Dans le moule profond, bronze, descends esclave,
> Tu vas remonter empereur...
> Ce bronze que jamais ne regardent les mères...

Mais il n'en avait pas moins du premier coup, dans *la Curée*, donné sa mesure, révélé son originalité poétique et conquis la place que rien n'a pu lui faire perdre.

Il est bien d'autres pièces encore dans ce recueil des *Iambes* où étincellent de fortes beautés : *Melpomène*, *Terpsichore*, *la Cuve*, où il a encadré le vigoureux croquis du *voyou*. Mais le tour en est moins rapide et le souffle moins véhément; les inégalités et les crudités s'y accusent davantage. Barbier affectionne des mots qui n'avaient jamais reçu jusqu'à lui la consécration poétique et dont le lourd réalisme détonne tout à coup et blesse l'esprit; comme choquerait l'oreille le son rauque d'un cornet à bouquin dans un concert d'instruments de cuivre. Sans doute, lorsqu'il peint les *tordions* de cette danse populaire baptisée d'un nom immonde, comme lorsqu'il peindra plus tard, en termes d'ailleurs moins répugnants, dans le premier acte d'*Érostrate*, les élans de l'amour physique, « son vers, rude et grossier, *reste* honnête homme au fond », mais le lecteur le moins délicat souffre de ses atteintes au goût et aux bienséances. Les audaces d'André Chénier, dans les iambes qui lui ont servi de modèles, atteignent et parfois même peut-être dépassent les siennes; cependant elles choquent moins, parce qu'elles sont fondues avec un art supérieur dans le tissu du style. Barbier, lui, ne cherche pas à les fondre; au contraire, on dirait qu'il s'applique à les détacher. Il y a là une part de tempérament et une part de calcul, une absence d'art et un procédé.

Mais ce qui frappe le plus dans la suite de ses *Iambes*, et aussi, même à travers sa décadence littéraire, dans le développement ultérieur de l'œuvre d'Auguste Barbier, c'est son progrès moral. A coup sûr, *la Curée* est l'œuvre d'un cœur honnête, indigné devant le spectacle de la convoitise et de la bassesse humaine et qui ressent « ces haines vigoureuses que doit donner le vice aux âmes vertueuses ». Seulement le poète, à cette date, semble en proie à l'ivresse révolutionnaire. Sa liberté est celle des barricades. Il en fait une *virago* sanglante, dont Eugène Delacroix s'est inspiré pour le tableau qu'il exposa peu de temps après. Il chante, en vrai jacobin, « la grande populace et la sainte canaille ». Mais bientôt il voit l'émeute au pied rebelle, « battant les murs comme une femme soûle », dévaster Saint-Germain-l'Auxerrois et l'archevêché, et il éclate en une magnifique objurgation :

> Tout tombe, tout s'écroule avec la grande croix ;
> Christ est aux mains des Juifs une seconde fois.
> O ma mère patrie, ô déesse plaintive !
> Verrons-nous donc toujours dans la ville craintive
> Les pâles citoyens déserter leurs foyers ?...
> Patrie, ah ! si les cris de ta voix éplorée
> N'ont plus aucun pouvoir sur la foule égarée ;
> Si tes gémissements ne sont plus entendus,
> Les mamelles au vent et les bras étendus,
> Mère désespérée, à la face publique
> Viens, déchire à deux mains ta flottante tunique,
> Et montre aux glaives nus de tes fils irrités,
> Les flancs, les larges flancs qui les ont tous portés !

En août 1830, il chantait la Liberté qui veut qu'on l'embrasse avec des mains rouges de sang. En mai 1831, dans *l'Idole*, il reprend en partie sa comparaison pour l'appliquer au peuple, mais cette fois avec mépris et non plus avec admiration. — Paris,

> Que les peuples émus appellent tous la sainte
> Et qu'ils ne nomment qu'à genoux,

au lendemain des journées de Juillet, est devenu, l'année suivante,

> Une infernale cuve,
> ... Un volcan fumeux et toujours en haleine,
> Qui remue à longs flots de la matière humaine ;
> Un précipice ouvert à la corruption,
> Où la fange descend de toute nation ;
> Un abîme aussi noir que le cuvier romain.

Puis il revient encore à l'émeute, et ce n'est plus avec un enthousiasme sans mélange qu'il s'écrie :

> O race de Paris, race au cœur dépravé,
> Race ardente à mouvoir du fer et du pavé !

Barbier est toujours resté libéral, mais il n'a été révolutionnaire et jacobin qu'un jour. Républicain sincère, il se tenait à l'écart de la république actuelle. Que pouvait-il y avoir de commun entre elle et un homme qui avait l'horreur de l'intolérance et de l'oppression, l'amour de la justice autant que de l'indépendance, la foi en Dieu et le respect du droit ? L'auteur des *Iambes*, vieilli et devenu silencieux, regardait de haut les *idoles* du jour et les courtisans de *popularité*. Je suppose qu'il a dû être tenté plus d'une fois, depuis 1870, de refaire *la Curée*. Mais l'inspiration était partie, et la troisième république n'aura pas eu son Auguste Barbier.

Malgré d'énormes défauts, des négligences, des incorrections, de choquantes inégalités ; malgré les rimes insuffisantes, les passages pénibles, les chevilles et tout ce qu'un puriste pourrait relever en épluchant les vers de ses meilleures tirades, les

Iambes demeurent un recueil d'un grand souffle et d'une forte inspiration dans son ensemble. Barbier n'eût-il écrit autre chose, son nom mériterait de ne pas périr. Ajoutons pourtant qu'on fait trop bon marché des œuvres suivantes, et particulièrement de celles qu'on réunit toujours aux *Iambes* dans le même volume. Il y a dans *il Pianto* un grand effort, souvent heureux, de rénovation poétique. Passer du cuvier parisien « plein d'une vase immonde », au ciel de l'Italie, quel contraste ! Barbier, par ce nouveau poème, se rapproche du groupe romantique et il s'y rattache. Il prouve que, en dépit des apparences, il avait, lui aussi, ses racines au cénacle. Dans ces lamentations et ces déclamations éloquentes, — dont le style toutefois, sous son harmonie plus douce et plus colorée, a gardé sa note originelle, éclatant çà et là en expressions et en images où reparaît tout à coup le Barbier des *Iambes*, — que de beaux vers sur la « divine Juliette au cercueil étendue », de ces vers trouvés, dont un seul suffit à révéler un poète, et de ceux qu'on eût le moins attendus de sa part !

> Quand l'amour, cet oiseau qui chante au cœur des
> Une fille de mai, blonde comme un épi... [femmes...
> Les superbes troupeaux, à la gorge pendante,
> Reviennent à pas lents de la campagne ardente,
> Et les pâtres velus, bruns et la lance au poing,
> Ramènent à cheval des chariots de foin.

C'est un tableau de Léopold Robert. Tout le monde sait par cœur son admirable sonnet sur Michel-Ange; Raphaël et d'autres encore ne l'ont guère moins heureusement inspiré.

Puis, après l'Italie, il se tourna vers l'Angleterre, et il écrivit *Lazare*. Nouveau contraste. Cette fois, en chantant *le Gin* et *le Spleen*, *Bedlam*, *le Minotaure*, *le Fouet*, *les Mineurs*, il se retournait du côté de son inspiration primitive. Le défaut principal de *Lazare* est de trop sentir la thèse, — thèse poétique, politique et sociale. On devine que l'auteur s'est imposé un programme à remplir et qu'il le suit point par point. Il a des formules factices, qu'il répète à satiété, et des moules préparés d'avance; il abuse du dialogue et de la personnification métaphysique. Les négligences, les défaillances, les incorrections, les passages obscurs et pénibles, déjà nombreux dans *il Pianto*, se multiplient dans *Lazare*. Mais de toutes les pages de ce poème, il se dégage une impression sombre et profonde. Le ciel de l'Angleterre, ce ciel lourd au fond duquel Barbier nous peint, en images expressives,

> Le soleil, comme un mort, le drap sur le visage,
> Ou parfois, dans les flots d'un air empoisonné,
> Montrant, comme un mineur, son front tout charbonné,

pèse sur le livre, de sa première à sa dernière page,

et *la Lyre d'airain* est un poème de misère comparable à *la Chanson de la chemise* de Thomas Hood.

Après *Lazare*, le poète n'est pas mort tout entier. Il se retrouvera encore dans les satires dramatiques et comiques, dans *Érostrate* et *Pot de vin*, puis dans quelques pages des *Chants civils et religieux*, dans quelques sonnets des *Rimes héroïques*, même dans *les Silves* et d'autres recueils que la popularité de sa première œuvre a refoulés dans l'ombre ; mais il ne se retrouvera plus que par fragments et par échappées. La versification de Barbier se fait de plus en plus rocailleuse, prolixe, prosaïque et laborieuse. La source à demi desséchée roule à travers les broussailles un flot maigre et intermittent. Des pages entières sont rimées *invita Minerva*. Nul n'est moins *artiste*, moins ciseleur de style, moins curieux du détail, de la tournure rare, de l'image neuve, de l'épithète imprévue, de la rime sonore. Il lui faut absolument le coup d'aile de l'inspiration. Quand elle l'abandonne, il retombe lourdement à plat, incapable de faire illusion et de dissimuler ses défaillances en amusant du moins le lecteur par les recherches et les agréments du vers. Mais çà et là on revoit le poète des *Iambes* ou d'*il Pianto* comme dans le morceau d'un miroir brisé. L'inspiration en est généralement d'une grande élévation morale. L'honneur et la loyauté y respirent à chaque page. Le poète a horreur de tout ce qui est vil, et il se sent attiré par tout ce qui est noble :

Quand je vois un brave homme, aussitôt je le chante.

En ouvrant les *Essais de critique spiritualiste* de M. Victor de Laprade, qui m'arrivent pendant que j'écris ces lignes, j'y tombe sur un témoignage éclatant rendu par l'auteur des *Muses d'État* à l'auteur des *Iambes* : « Si jamais satire fut écrite par un poète honnête homme et bon citoyen, par une main loyale au service d'un esprit sensé et d'un cœur droit, c'est le livre qui contient *la Curée, la Popularité, l'Idole, Melpomène*. Quelle hauteur de raison et de sens moral, quelle vigueur, quel éclat, quelle nouveauté de poésie! Si la satire française a quelques pièces à mettre à côté de Juvénal, ce sont les belles pages d'Auguste Barbier. »

Un pareil jugement, que la mort a changé en oraison funèbre, honore l'homme autant que le poète. Dans les œuvres de Barbier, l'un ne se sépare jamais de l'autre. La forme n'est pour lui que le vêtement de l'idée. Il méprisait l'art pour l'art, et les jongleries du poète impassible pour qui les vers ne sont qu'un exercice d'acrobate ou de joueur de bilboquet. On voit, en le lisant, son esprit et son cœur à nu. Tous ses amis nous ont dit quels furent son honnêteté, sa droiture, son désintéressement absolu, sa bonté et sa générosité, égales à son indépendance. Il avait soixante-treize ans quand on songea à le décorer et ne fit jamais rien pour appeler sur son nom les suffrages de l'Académie. Cependant, il fut si heureux d'une élection qu'il n'avait pas sollicitée, qu'en l'apprenant il s'évanouit d'émotion. Ce satirique aux indignations et aux courroux véhéments, mais sans fiel et sans perfidie, était un de ces braves gens comme ceux qu'il a chantés : il faisait le bien ; il était aimé de quiconque l'approchait et il lui est arrivé plus d'une fois, quoiqu'il fût dans l'aisance et qu'il menât une vie modeste, économe et retirée, de dépenser en aumônes au delà de ses revenus. Il avait le culte de sa mère, femme très distinguée, qui lui avait inspiré le goût des arts, qu'elle pratiquait elle-même, et à la mémoire de laquelle il a dédié son œuvre de l'inspiration la plus pure, sinon la plus puissante : *les Chants civils et religieux*.

Qui ne connaît l'aimable épître du satirique Boileau à son jardinier le vieil Antoine, — laborieux valet du plus commode maître. « M. Despréaux, nous apprend Brossette, l'avait trouvé dans sa maison d'Auteuil, lorsqu'il l'acheta, et l'a toujours gardé à son service. » Le satirique Barbier eût pu, lui aussi, adresser une épître au *gouverneur* de son jardin de Fontainebleau, dont il ne voulut jamais se séparer, bien qu'il fût cassé par l'âge. Il y a quelques années, une vieille domestique, très dévouée et très pieuse, mourut à son service : l'auteur des *Iambes* la soigna chez lui jusqu'à la fin, reçut son dernier soupir et, après sa mort, il se fit son exécuteur testamentaire en allant porter lui-même à la Propagation de la Foi les quelques milliers de francs qu'elle avait économisés. Son âme était digne de comprendre ce qu'il y avait de touchant dans la dernière volonté de l'humble créature. Auguste Barbier n'était pas seulement un spiritualiste, mais un excellent chrétien, qu'on voyait plus souvent et plus sûrement à la messe de sa paroisse que dans les réunions mondaines, et dont on pourrait dire, selon le mot de Lacordaire, qu'il mourut catholique pénitent et libéral impénitent. Avant d'aller demander au soleil de Nice un peu de chaleur et de lumière pour ses derniers jours, il ne voulut pas s'exposer aux accidents du voyage sans s'être mis en règle avec Dieu, et lorsqu'il eut accompli ses devoirs religieux, il écrivit à son confesseur, en témoignage de la sincérité de sa foi, une belle lettre qui sera peut-être publiée quelque jour.

Barbier souhaitait vivement qu'on renouât à l'Académie, par l'élection d'un évêque, une tradition à peu près constante dans l'illustre compagnie et nous savons que, dans ses derniers jours, il a exprimé le désir et l'espoir que sa mort devînt l'occasion de cet heureux événement, en désignant le nom que l'opinion publique avait déjà prononcé avant lui [1]. A cet héritier du poète reviendrait naturellement le privilège d'honorer sa mémoire par la lecture de cette profession de foi, qui prouverait que l'amour de la liberté se concilie parfaitement avec le respect des lois chrétiennes et qu'on peut être républicain, depuis plus longtemps que les maîtres du jour, sans pour cela être athée.

[1]. Mgr Perraud, évêque d'Autun, qui lui a en effet succédé.

HIPPOLYTE TAINE

15 janvier 1880.

Aujourd'hui, à une heure de l'après-midi, M. Taine prononcera l'éloge de M. de Loménie, sous la coupole du palais Mazarin. Il doit être reçu, comme on sait, par M. J.-B. Dumas. M. Taine est un philosophe, M. Dumas un chimiste; cependant l'antithèse est moins forte qu'on pourrait croire, et le plus chimiste des deux n'est pas celui qu'on pense.

Je ne veux point rendre compte de la cérémonie « devant que les chandelles soient allumées »; je voudrais seulement présenter au public le récipiendaire de demain. M. Taine est moins connu que ses livres : c'est un homme d'intérieur et de cabinet; on ne voit point son portrait aux vitrines des photographes; on ne le signale pas aux premières représentations; il vit dans la retraite, loin des boulevards, le plus souvent même loin de Paris, et il a bâti, devant sa vie privée, un mur hermétiquement clos, sans y ménager la moindre ouverture à l'usage des *reporters* indiscrets.

M. Taine ne hait point la publicité ; il en est même aussi friand que peut l'être un philosophe, mais pour ses œuvres et non pour sa personne. D'ailleurs on pourrait dire de lui, comme des peuples heureux, qu'il n'a pas d'histoire. Sa vie est celle d'un bourgeois rangé, tranquille, méthodique et laborieux. Il a de l'ordre ; il s'occupe de sa famille et de ses affaires, il ne jette point sa vie à tous les vents ; son esprit est beaucoup plus pratique qu'on ne s'y attendrait peut-être de la part d'un spéculatif. Sans être froid, son caractère est réservé ; il ne se livre pas, et des hommes qui le connaissent depuis un quart de siècle et qui sont ses amis n'ont jamais pénétré dans son intimité.

Non pas que M. Taine travaille tout le jour claquemuré au fond de son cabinet : il a l'instinct de la sociabilité, et le besoin des recherches le conduit souvent aux bibliothèques, aux archives, partout où l'on peut s'instruire. Il porte dans ses travaux une conscience extrême, jusqu'à suivre pendant trois ans les cours de l'École de médecine pour traiter en connaissance de cause du cerveau et de ses fonctions dans son livre de *l'Intelligence*. C'est un philosophe expérimental, un critique qui juge sur pièces et un historien dont le siège n'est pas fait d'avance. Il excite l'admiration des plus vieux employés des Archives par son ardeur à fouiller des montagnes de paperasses. Il lui faut des faits, encore des faits, toujours des faits. Sa méthode naturaliste et scientifique, pour parler le jargon du moment, s'appuie toujours sur ce que M. Zola appelle *les documents humains.* L'application intense, l'effort et la contention d'esprit qu'il porte dans son travail de rédaction, lui rendraient difficile de le prolonger plus de cinq à six heures par jour, et d'ailleurs la faiblesse de sa vue le condamne à ne pas écrire le soir. Mais quand il porte une idée ou un livre dans sa tête, il en est possédé, Il y songe sans cesse, il en cause, il le rumine.

Bref, je comparerais volontiers M. Taine à Spinoza, pourvu qu'on veuille bien se souvenir que toute comparaison cloche. Ce rapprochement ne saurait déplaire à M. Taine, qui doit aimer comme un frère aîné l'auteur de *l'Éthique démontrée par la méthode de la géométrie.* Il s'en rapproche par ses doctrines, par son genre d'esprit et, toutes proportions gardées, par son genre de vie. Comme lui, c'est une intelligence audacieuse dans un corps longtemps chétif (il ne l'est plus aujourd'hui), dans une existence paisible et bourgeoise.

M. Taine reste enfoui les deux tiers de l'année

dans sa maison de campagne de Menthon-Saint-Bernard, département de la Haute-Savoie, à quelques pas du lac d'Annecy. Pendant les mois d'hiver qu'il passe à Paris, il demeure rue Barbet-de-Jouy, une rue très écartée et très silencieuse du faubourg Saint-Germain, et son appartement, situé au fond de la cour, est isolé de tout bruit, de tout contact direct avec le dehors. C'est le logement autrefois occupé par son beau-père, M. Denuelle, architecte peintre-décorateur, qui lui offrait l'hospitalité pendant ses séjours à Paris, et à qui il rendait la pareille pendant l'été à Menthon. Les pièces sont petites, les meubles sans luxe, mais les murs sont décorés d'un grand nombre de gravures, de photographies, d'aquarelles et de tableaux. Locataire modèle, il est estimé de son concierge, de ses voisins et de son propriétaire. Avant son mariage, qui n'a eu lieu qu'en 1869, alors qu'il avait déjà franchi le cap de la quarantaine, il habitait avec sa mère un petit appartement de la rue de Bretonvilliers, dans l'île Saint-Louis. Toujours, comme vous voyez, cet amour des quartiers paisibles, lointains et solitaires. Il était déjà dans l'aisance alors; depuis la mort de son beau-père, il peut passer pour riche. D'ailleurs, la publication de ses livres a été très fructueuse pour lui.

L'auteur de la *Philosophie de l'art* n'est pas précisément ce qu'on appelle un homme d'esprit. Sa conversation n'a rien de particulièrement brillant ; elle est plutôt solide et substantielle. Sa verve ne va pas sans quelque lourdeur. M. Taine cause surtout des sujets qu'il est en train d'étudier et dont il a le cerveau rempli. Convive habituel du fameux dîner de Magny, où se réunissaient des esprits très libres, tels que Sainte-Beuve, Paul de Saint-Victor, les Goncourt, Flaubert, Gavarni, etc., il y tenait bien sa place, mais plutôt par l'originalité et la hardiesse de ses aperçus que par la vivacité du trait et l'agilité de la causerie.

M. Taine se prénomme Hippolyte-Adolphe ; le public n'en sait rien, car il ne lui en a jamais fait part : sa signature *H. Taine* est discrète et ne se livre pas tout entière, non plus que sa personne. Si nous avions à lui délivrer un passeport, nous dresserions son signalement ainsi :

Age, cinquante et un ans huit mois vingt-cinq jours.

Taille, un mètre soixante-quinze.

Front, large.

Teint, blafard.

Barbe, poivre et sel, régulièrement taillée. Porte le collier et les moustaches.

Yeux, noirs, fatigués.

Signes particuliers : Des lunettes généralement bleues, et une légère divergence dans les yeux.

M. Taine est né dans la toute petite ville de Vouziers (Ardennes), d'un père avoué et avocat, homme instruit, qui fut son premier maître et lui enseigna le latin. Un oncle d'Amérique lui apprit l'anglais sans qu'il s'en doutât, en le faisant sauter sur ses genoux; c'est la langue qu'il sait encore le mieux aujourd'hui, après le latin. Il avait douze ans lorsqu'il perdit son père; à quatorze, il vint à Paris avec sa mère, qu'il aimait beaucoup et qu'il n'a pas quittée jusqu'à son mariage. Il entra en troisième au lycée Bourbon, comme interne; c'est là qu'il a connu Marcelin, qui devait le débaucher plus tard pour lui faire écrire dans *la Vie parisienne* cette œuvre d'une observation crue, d'une fantaisie tant soit peu brutale, d'un *humour* plus robuste qu'attique : *Vie et opinions de Thomas Graindorge*. En 1847, le jeune Taine obtint en rhétorique le prix d'honneur, sur ce sujet palpitant: *Unus à patribus in senatu legis cujusdam abrogationem petit*. L'année suivante, en philosophie, il se contenta de deux seconds prix, et céda le prix d'honneur à un élève de Charlemagne appelé Edmond About, lequel avait traité d'une façon brillante ce thème vraiment choisi tout exprès pour lui : *Dire quelles modifications subissent nos droits et nos devoirs en passant de l'ordre naturel dans l'ordre politique*.

La même année, Taine entrait à l'École normale,

le premier de cette fameuse promotion qui comprenait encore About, Sarcey, etc., qui suivait celle de Weiss et précédait celle de Prévost-Paradol. Jamais on ne vit plus brillante série, mais l'Université n'en a guère profité. L'école était alors sous la direction de M. Dubois (de la *Gloire* inférieure); elle avait pour directeur des études M. Vacherot, pour maître de conférences MM. Jules Simon, Havet, Gérusez, de très libres esprits; pour aumônier l'abbé Gratry, intelligence originale, mélange de métaphysicien et de poète, de mathématicien et de rêveur. La fièvre du temps s'ajoutait au bouillonnement naturel de ces jeunes cerveaux. La discipline s'était fort relâchée; les maîtres laissaient aux élèves une indépendance d'allure dont ils abusaient bien quelque peu et même davantage.

Sainte-Beuve, dans son étude sur Taine, a tracé de cette curieuse période un tableau piquant, auquel j'emprunte quelques traits. Avec sa facilité extrême, M. Taine profitait de la liberté qu'on leur laissait pour faire le travail de cinq ou six semaines en une seule, et il consacrait le reste de son temps à des études personnelles, à des lectures énormes. Il a toujours été un *helluo librorum*, — un glouton, un avaleur de livres. Tous les philosophes y passèrent, depuis Thalès jusqu'à Spinoza, Kant, Schelling, Hegel, sans négliger même Hermas ni saint Augustin. Les heures qu'il n'employait pas à dévorer la bibliothèque de l'École, il les employait à *feuilleter* ses condisciples, suivant son expression, et ceux-ci, convaincus de sa supériorité, se laissaient faire avec condescendance.

On causait, on discutait, on bataillait. L'école se divisait en trois camps : il y avait les *voltairiens*, esprits brillants et légers dont le chef était M. About ; il y avait les *athées*, qui devaient marcher, je le crains, sous l'étendard de M. Taine ; mais il y avait aussi les catholiques, et des catholiques capables de soutenir le choc : qu'il me suffise de citer, sans sortir de la même promotion, MM. Heinrich, actuellement doyen de la faculté des lettres de Lyon, et Adolphe Perraud, aujourd'hui évêque d'Autun.

Les choses avaient déjà changé quand M. Taine quitta l'École normale. Il en sortit noté comme un esprit indiscipliné et dangereux, échoua à l'agrégation et fut envoyé comme professeur suppléant de philosophie au collège communal de Nevers. Il y resta quatre mois et passa de là en rhétorique à Poitiers. Enfin, chargé du cours de sixième à Besançon, il craignit sans doute qu'on ne finît par l'envoyer l'année suivante en huitième à Pontarlier, et demanda un congé, qu'on lui accorda avec empressement, et dont il profita pour se plonger aussitôt jusqu'au cou dans l'étude de la physiologie et de l'histoire naturelle.

C'est en 1853 qu'il conquit son grade de docteur par une thèse sur les fables de La Fontaine, où sa méthode était déjà tout entière. L'*Essai sur Tite-Live*, couronné par l'Académie en 1855, fit ouvrir les yeux à tous ceux qui sont à l'affût des talents nouveaux. L'année suivante, il entrait en iconoclaste dans le temple de la doctrine officielle, brisant à grands coups de son rude bâton les dieux et les idoles de la philosophie spiritualiste et rationaliste. Avant d'inaugurer la psychologie nouvelle qu'il prétendait avoir découverte, M. Taine voulait balayer la place. Ce livre des *Philosophes français au XIXe siècle* fit un beau scandale, et de toutes parts on entendit s'élever un cri d'indignation : « Voyez comme avec irrévérence parle des dieux ce... matérialiste ! »

On sait que M. Taine a publié presque tous ses livres à la librairie Hachette. Un jour, on vint demander au chef de cette puissante maison s'il n'avait pas quelque travail à donner à un jeune professeur *in partibus* qui partait pour les Pyrénées afin d'y soigner sa gorge malade. La librairie avait justement besoin d'un *Guide* ; M. Taine s'en chargea. Telle fut l'origine de ce *Voyage aux Pyrénées*, qui parut d'abord dans la collection des *Itinéraires*.

Même en ce livre, qui semblait devoir être purement pittoresque, il avait trouvé moyen de mettre sa méthode et sa philosophie. Nulle œuvre, sous sa diversité apparente, n'a une plus forte unité que la sienne. Qu'il écrive les *Notes sur Paris* ou la *Philosophie de l'Art*, la *Littérature anglaise* ou le *Voyage en Italie*, vous y trouverez toujours le même procédé scientifique et mécanique, la même analyse impitoyable, les mêmes principes fatalistes, la même étude et la même décomposition de l'histoire, de la pensée, de la civilisation, comme d'un produit matériel, la même recherche de la faculté maîtresse et des influences combinées de la race, du milieu, du moment. Mais je passe, car je fais ici de la chronique et non de la critique.

Un petit fait caractéristique montrera jusqu'où il poussait déjà alors le rigoureux enchaînement des idées et le ferme travail du style. Quand on prépara une édition illustrée du *Voyage aux Pyrénées*, l'éditeur pria M. Taine de supprimer ou d'ajouter quelques phrases çà et là, afin que les gravures intercalées dans le texte tombassent en bonne place. Au bout de quelques jours, l'écrivain déclara que, malgré tous ses efforts, il n'avait pu venir à bout de ce travail : « C'est que vous n'en avez pas l'habitude, lui dit l'éditeur. Mais moi, je suis fait à ce genre de remaniement. M'autorisez-vous à l'entreprendre, à la condition, bien entendu, de vous en soumettre le résultat? » M. Taine donna volontiers l'autorisation, et l'éditeur se mit à l'œuvre, en souriant de la maladresse de l'auteur. Mais, après avoir sué sang et eau, il dut avouer sa propre impuissance et reconnaître qu'il était impossible de rien ajouter ou retrancher au solide tissu de ce style.

Tout le monde a lu le dernier ouvrage de M. Taine: les *Origines de la France contemporaine*. C'est son chef-d'œuvre et, par beaucoup de côtés, c'est un chef-d'œuvre. Il a soulevé des tempêtes dans le camp qui aimait à compter sur lui et s'était habitué à le regarder comme un des siens, à cause des harmonies naturelles qui relient la libre pensée au radicalisme. On n'a pu lui pardonner d'avoir, par l'application toujours rigoureuse de cette méthode si admirée autrefois, et avec la sincérité absolue qui est l'un des plus beaux caractères de son intelligence, détruit la légende révolutionnaire pour y substituer la réalité. Il ménage aux fanatiques de la *grande époque* bien d'autres sujets de colère dans ses deux derniers volumes.

M. Taine ne s'est jamais directement occupé de politique, mais on avait déjà pu voir dans son opuscule sur *le Suffrage universel*, qu'il est loin d'être aussi radical en cette matière qu'en philosophie. Est-ce une inconséquence? Il se pourrait. Profitons-en, sans avoir la candeur, comme quelques bonnes âmes, de croire à sa conversion. Son esprit est trop supérieur et trop clairvoyant pour ne pas considérer avec inquiétude la situation actuelle. Comment un philosophe tel que lui ne sait-il pas mieux remonter des effets aux causes premières, et saisir le lien étroit entre l'oubli des grands principes et la désorganisation sociale qu'il a étudiée d'une manière si sagace dans son ouvrage sur la Révolution? Il est permis de conjecturer, sans se lancer trop loin dans l'hypothèse, que s'il n'en est pas venu, s'il n'en viendra jamais peut-être à reconnaître la vérité des principes de la philosophie spiritualiste et chrétienne, il en est arrivé du moins à reconnaître leur nécessité sociale et à se demander si celui qui craint l'inondation a raison d'abattre les digues. C'est déjà quelque chose.

LABICHE A L'ACADÉMIE

28 février 1880.

La mort, qui est une personne fort ironique, fait, depuis quelque temps, une terrible consommation *d'inamovibles* et *d'immortels*. On dirait qu'il y a, entre ces deux hautes classes de citoyens, émulation à qui démontrera le mieux que les immortels ne sont pas inamovibles et que les inamovibles ne sont pas immortels. Ni le Sénat, ni l'Académie ne peuvent plus être au complet. Au moment même où l'on comble une lacune, une autre se produit. Les quarante surtout semblent décimés par une véritable épidémie : hier, on recevait M. le duc d'Audiffret-Pasquier ; aujourd'hui, on vient d'élire les successeurs de M. de Sacy et de M. Saint-René Taillandier, demain il va falloir choisir celui de M. Jules Favre.

Je propose une variante au refrain de la ballade

germanique dont la citation a si souvent agacé les nerfs des lecteurs qui, par la grâce de Dieu, ont horreur du lieu commun : « Les *immortels* vont vite. »

Cet exorde funèbre est pour arriver à vous parler de la double élection de jeudi. C'est une des plus mémorables qu'on ait vues depuis longtemps. Trente-quatre membres présents. M. de Laprade était venu tout exprès de Nice ; M. John Lemoinne, qui s'est cassé le péroné en faisant, le 12 janvier dernier, une chute malheureuse sur le verglas, malgré sa dextérité bien connue, s'était fait transporter en chaise à l'Académie, comme le maréchal de Saxe sur le champ de bataille de Fontenoy. Il y avait onze candidats en présence, depuis M. Regnault, de Lyon, auteur de plusieurs ouvrages inédits et membre de diverses sociétés philomatiques ou philotechniques de province, jusqu'à M. Wallon, père adoptif de la République, déjà comblé d'honneurs, doyen de la Faculté des lettres, sénateur, membre et secrétaire perpétuel de l'Académie des inscriptions.

M. Labiche et M. Maxime Du Camp l'ont emporté. L'élection du premier, pour ne parler que de lui, a été certainement l'un des choix les plus hardis de l'illustre compagnie. Après être allée de la Comédie-Française au Gymnase, pour y prendre M. Alexandre Dumas ; puis du Gymnase au Vaudeville, pour s'annexer M. Sardou, elle pousse maintenant jusqu'au Palais-Royal. Elle a descendu l'échelle de la comédie de mœurs à la comédie d'intrigue, et de la comédie d'intrigue à la farce. De tous les genres dramatiques, la parade seule n'est pas représentée à l'Académie : encore une bonne partie du répertoire de M. Labiche, — *Si jamais je te pince ! les Noces de Bouchencœur, Otez votre fille, s'il vous plaît, Une femme qui perd ses jarretières,* — y confine-t-elle de bien près. Heureusement qu'il n'y a plus de Théâtre de la Foire, s'écrient les pessimistes ! A force de marcher avec le siècle et de se démocratiser, l'Académie finirait par choisir les fournisseurs d'Arlequin.

Il faut bien reconnaître que, si M. Labiche ne pensait pas à l'Institut, le public n'y pensait pas davantage pour lui, et que même, au premier moment, il a semblé considérer sa candidature comme un gai vaudeville. On peut dire qu'elle a été créée de toutes pièces, tirée du néant par M. Émile Augier, malgré les protestations sincères de M. Labiche lui-même, et à la joyeuse stupéfaction de la galerie. Mais, après ce moment de surprise et d'incrédulité, l'idée ne tarda pas à faire son chemin ; elle n'était pas née de l'opinion, elle fut adoptée par elle, et M. Augier eut bientôt pour complices les trois quarts des critiques ou des chroniqueurs, et les deux tiers des académiciens.

M. Labiche porte un nom de vaudeville, un nom qui le prédestinait à écrire *Si jamais je te pince* et *Deux papas très bien*. Figurez-vous qu'après avoir joué l'un de ces ouvrages, Sainville se fût avancé jusqu'au trou du souffleur et, après les trois saluts d'usage, eût prononcé avec l'onction et l'organe que vous savez, cette petite phrase : « Mesdames et messieurs, la pièce que nous avons eu l'honneur de représenter devant vous est de M. Eugène Labiche, — de l'Académie française », quels éclats de rire, quelle bonne charge ! Eh bien, cette bonne charge est devenue une réalité, et qui ne surprend personne. Voilà l'auteur de *Si jamais je te pince* devenu le confrère de Victor Hugo, de M. de Falloux et de M. Mignet. Il est vrai qu'il est en même temps l'auteur du *Voyage de M. Perrichon*, des *Petits Oiseaux*, du *Chapeau de paille*, de la *Cagnotte*, de *Célimare le bien-aimé* et de tant d'autres ouvrages dont on peut dire, avec une légère variante au mot si connu sur Béranger : « Labiche croit ne faire que des vaudevilles et il fait des comédies. »

Que de joyeux souvenirs ces seuls titres évoquent! J'ai là, sous la main, les dix volumes de son Théâtre, publiés l'an dernier comme Mémoire justificatif à l'appui de sa candidature. Il suffit de parcourir la table des matières pour que tout un essaim de rires sonores, les rires de notre verte jeunesse, ensevelis sous une triple couche de soucis moroses, s'éveille tout à coup au fond de notre cœur et se mette à battre des ailes, comme une nichée d'oiseaux du milieu d'un buisson.

Assurément M. Labiche n'est pas le maître de la scène, mais il est le maître du rire. Il sème à pleines mains l'esprit facile et payé comptant, le mouvement, la verve, la gaieté surtout, — une gaieté large et franche, un peu gauloise, j'en préviens mes lectrices, et même plus qu'un peu. Mais nous dirons de lui, et beaucoup plus justement, ce que Voltaire disait de Beaumarchais, après avoir lu ses Mémoires : « Cet homme-là n'est pas un empoisonneur, il est trop amusant. »

M. Labiche, qui aura soixante-cinq ans dans trois mois, semble s'être retiré du théâtre depuis quelques années. Il vit souvent loin de Paris, dans sa rustique principauté de Sologne, à Launoy. Cet homme qui a écrit cent soixante pièces d'un esprit tout parisien et d'une irrésistible drôlerie, a conquis sur la bruyère et le sable six cents hectares de terre qu'il fait valoir comme s'il ne s'était jamais occupé d'autre chose, et il n'a pas son pareil pour élever des moutons et fabriquer des gigots. Il est maire de son village, à moins toutefois que le préfet ne l'ait révoqué comme réactionnaire.

Si, par une fantaisie bizarre, vous allez jamais vous

promener dans ce coin de la Sologne, vous rencontrerez probablement sur les routes un paysan de belle taille, à la bonne figure ronde toujours strictement rasée, le bâton ferré à la main, les jambes dans de longues guêtres, jetant sur ses blés, ses pins et ses bœufs des regards de connaisseur. C'est lui : vous le reconnaîtrez à ses mains de Parisien.

Un jour Émile Augier était venu voir à Launoy son ami, le vaudevilliste-laboureur. Celui-ci essaya vainement de l'entraîner à la noce d'un de ses fermiers — une de ces redoutables noces de campagne où l'on mange et boit pendant douze heures sans désemparer. Resté seul tout le jour, Augier se mit à fureter dans la bibliothèque, et il découvrit le répertoire de son hôte, en une multitude de brochures de tous les formats et de toutes les couleurs. Il passa la journée à les lire, et quand Labiche rentra : « Vous savez, lui dit-il, que vous allez publier vos œuvres complètes. — Jamais. — Tout de suite. — Vous vous moquez de moi, et le lecteur s'en moquerait également si je vous écoutais. — Non pas, car vous êtes un maître. — Vous en êtes un autre. — Eh bien, si je suis un maître, obéissez-moi. — Soit, fit enfin Labiche vaincu, mais à la condition que vous écrirez une préface pour avertir le lecteur que ce n'est pas ma faute. »

La préface a paru, et le lecteur a pris cela pour une coquetterie. Nullement : il paraît que M. Labiche est l'homme le plus modeste et même le plus timide du monde. Défricheur de la Sologne, éleveur distingué, officier de la Légion d'honneur et modeste par-dessus le marché, sérieusement modeste, — ah ! c'est trop de vertus pour un vaudevilliste ! Il avait peur, il se cachait derrière M. Émile Augier, comme un enfant dans les jupes de sa mère ; il criait à tout le monde : « Vous savez, ce n'est pas moi, c'est lui. » Mais il a dû être bien vite rassuré, en voyant l'accueil que le public faisait à son théâtre, et en entendant presque toutes les voix de la presse qui criaient : « A l'Académie ! à l'Académie ! »

À l'Académie, monsieur Labiche, vous y voilà ! Et pour comble, vous succédez à M. de Sacy. A votre place, j'en aurais la chair de poule. Il s'agit maintenant d'être tout à fait sérieux et de pincer de l'imparfait du subjonctif, comme le Tourterot des *Deux Papas très bien*, dût l'ombre de Grassot planer sur votre tête en faisant *gnouf, gnouf !* Sacy et Labiche, quelle antithèse ! Il y a là de quoi inspirer à Théodore de Banville une demi-douzaine d'*occidentales*.

Ce n'est pas tout d'être nommé. Il faut lire les œuvres de son prédécesseur et faire son discours de réception. Tout Paris vous attend là, ô Labiche ! On recherche déjà ses places. La séance sera l'une des curiosités du siècle. Labiche parlant des *Lettres spirituelles* de Fénelon et célébrant l'*Introduction à la vie dévote* de saint François de Sales! A-t-il seulement lu Nicole, l'infortuné? Et Duguet? Et Mezenguy?... Qu'il n'oublie pas non plus de *piocher* les *Lettres de Bossuet à la sœur Cornuau*.

Je suis sûr que M. Labiche aimerait mieux refaire la *Perle de la Cannebière* et les *Noces de Bouchencœur*.

Pour donner à cette séance un intérêt plus piquant encore, supposez seulement que M. Dufaure soit chargé de répondre à M. Labiche. Ce serait un rêve.

Mais on dit que c'est M. John Lemoinne qui est désigné pour le recevoir. M. John Lemoinne, quoique à demi Anglais, a un esprit bien français, et malgré son titre d'inamovible, il est dépourvu de toute gravité sénatoriale. A sa place, j'en prendrais mon parti, et après que M. Labiche aurait rivalisé de sérieux, dans son discours, avec Nicole et M. de Sacy, j'égayerais l'assistance par une macédoine de citations tirées du *Misanthrope et l'Auvergnat*, de *l'Affaire de la rue de l'Ourcine*, du *Monsieur qui prend la mouche*. Jamais une assemblée académique n'aurait été à pareille fête.

II

26 novembre 1880.

On s'est rendu à la séance de réception avec une curiosité plus grande encore que jadis à l'une des représentations du récipiendaire. Voir M. Labiche sous l'habit aux palmes vertes et le chapeau à claque, avec l'épée au côté, quel spectacle piquant! Entendre l'auteur de tant de comédies exhilarantes prononcer gravement un éloge académique, quelle attraction! L'attraction était double, quand on songeait à celui dont il avait à prononcer l'éloge. Il semblait que l'antithèse eût été choisie à souhait pour redoubler l'embarras du récipiendaire et le plaisir des auditeurs. On ne saurait imaginer un contraste plus complet, des goûts plus différents, des idées moins en contact, des habitudes d'esprit plus éloignées que celles de M. Labiche et du janséniste littéraire auquel il succédait. Figurez-vous Regnard chargé de l'oraison funèbre d'Arnauld !

Eh bien ! nous avons eu cette fête, mais ce n'a pas été celle que l'on attendait, et M. Labiche ne nous l'a point donnée du tout à ses dépens. Il a prouvé que, s'il était capable d'écrire une comédie propre à dilater les rates les plus rebelles, et dont ni les plaisanteries ni le style ne font songer à l'Académie, il ne l'était pas moins de composer et d'écrire un morceau conforme à toutes les traditions de l'endroit, et digne de prendre place à côté des meilleurs qu'on ait jamais entendus sous la coupole du palais Mazarin. L'auteur de *Célimare le bien-aimé* a parlé en excellents termes, — et cela le plus naturellement du monde, sans effort apparent, comme s'il n'eût fait autre chose de sa vie, — de l'auteur des préfaces sur l'*Introduction à la vie dévote* et les *Lettres de Bossuet à la sœur Cornuau*. Son exemple a prouvé l'utilité du discours de réception, qu'il faudrait inventer s'il n'existait pas, lors même qu'il ne servirait qu'à fournir aux nouveaux académiciens dont les titres peuvent être contestés, l'occasion solennelle de faire leurs preuves d'écrivains et de justifier leur élection.

M. Labiche a justifié pleinement la sienne, et il l'a fait, ce qui vaut mieux encore, par les qualités mêmes qui lui ont valu sa réputation, et qui constituent sa personnalité littéraire, sans cesser un moment d'être lui, quoiqu'il donnât le meilleur de lui. Il s'est rappelé le vers du fabuliste : « Ne forçons pas notre talent »; aussi s'est-il tiré de cette épreuve avec grâce. Le naturel, la bonhomie et la malice, — une bonhomie pleine de finesse et une malice pleine de rondeur, — sont les caractères dominants de ce discours, aussi bien que de ses comédies. Au début, la forme est d'une contexture un peu lâchée : M. Labiche multiplie les alinéas, comme M. de Girardin et feu Timothée Trimm; les plaisanteries, les allusions, les rapprochements qu'il prodigue sont empreints de bonne humeur, mais non toujours d'un goût très délicat, ni d'une tenue absolument irréprochable. Peu à peu le style se raffermit: il se fait plus correct sans être moins charmant; les traits sont d'un métal plus choisi sans devenir plus rares. Les mots heureux continuent à jaillir de source. M. Labiche n'est pas entré à l'Académie en pantoufles et en robe de chambre, mais il n'a pas non plus solennellement arboré la cravate blanche, comme il l'avait fait en abordant la Comédie-Française.

On pourrait détacher de ce discours un grand nombre de tableaux, d'épisodes, de morceaux composés avec un art ingénieux, quoique caché, de manière à former comme autant de petites scènes distinctes : l'épisode des persécutions de collège, qui, grâce à la discrétion de l'orateur, n'a pas troublé la sérénité des remords de M. Cuvillier-Fleury; le tableau, d'ailleurs emprunté à M. de Sacy lui-même, de l'helléniste Larcher faisant pénitence, les jours de jeûne, en se réduisant au vil latin; celui de M. de Sacy, encore, suivant seul le convoi du vieux garçon de la bibliothèque Mazarine; de M. de Sacy, assistant aux séances de la Chambre, et lisant Bossuet quand l'orateur dépassait les bornes de la prolixité et de l'ennui, car en ce temps-là, il y a bien longtemps, il se rencontrait des députés pour abuser de la tribune en y prononçant des paroles inutiles; de M. de Sacy, toujours, dans ses fonctions de grand-père, escaladé et pris d'assaut par ses petits-enfants; surtout ce qu'on pourrait appeler le morceau *du carrosse*, qui mérite de devenir classique et d'être recueilli par les auteurs d'anthologies.

Sans vouloir se poser en moraliste, et sans appuyer plus qu'il n'eût été séant à un homme coupable de tant de comédies légères, M. Labiche a choisi avec tact quelques traits touchants et quelques fragments des lettres où M. de Sacy, pendant le siège, épanchait son âme dans l'âme de ses enfants. Celle où il parle du petit mobile qui loge chez lui et qu'il a vu avec si grand plaisir faire le signe de la croix en se mettant à table, était surtout parfaitement en situation et a pris une valeur particulière dans la circonstance.

C'est ainsi que l'éloge est allé jusqu'au bout, avec le plus aimable mélange d'esprit et d'émotion, de bonne grâce et de belle humeur. Un débit simple, mais non dépourvu de finesse, qui savait accuser le trait sans avoir l'air d'y toucher, n'a rien laissé perdre de tant d'agréments. C'était une véritable *première* que nous avait ménagée l'Académie, et la plus gaie qu'on y ait jamais vue. Au milieu de tout le tapage horripilant fait par la politique, cet aimable intermède nous a reposés et rafraîchis.

Seulement ce qui est à craindre maintenant, c'est que M. Labiche, devenu tout à coup un homme grave un peu à la façon dont M. Jourdain faisait de la prose, c'est-à-dire sans le savoir, n'ose plus aborder les scènes de genre où sa gaieté franche et fine des bons jours n'a pas encore été remplacée. Nous lui pardonnerions sans peine, à vrai dire, de ne plus faire *Frisette*, *Madame Larifla*, *Un mouton à l'entresol*, *Otez votre fille, s'il vous plaît*, *En avant les Chinois*, *l'Omelette à la Follembûche* et autres joyeusetés d'un caractère peu académique, dont les trois quarts de ses nouveaux confrères ignorent probablement l'existence. Mais nous serions fort marris qu'il eût définitivement renoncé à donner

www.ingramcontent.com/pod-product-compliance
Lightning Source LLC
Chambersburg PA
CBHW060320170426
43202CB00014B/2601